Ani 2004

Indagini sugli insediamenti sotterranei / Surveys on the underground settlements

Testi, foto e grafiche / Texts, photos and graphics

Roberto Bixio, Vittoria Caloi, Vittorio Castellani and Mauro Traverso

BAR International Series 1944
2009

Published in 2016 by
BAR Publishing, Oxford

BAR International Series 1944

Ani 2004

ISBN 978 1 4073 0424 3

BAR Publishing is the trading name of British Archaeological Reports (Oxford) Ltd.
British Archaeological Reports was first incorporated in 1974 to publish the BAR
Series, International and British. In 1992 Hadrian Books Ltd became part of the BAR
group. This volume was originally published by Archaeopress in conjunction with
British Archaeological Reports (Oxford) Ltd / Hadrian Books Ltd, the Series principal
publisher, in 2009. This present volume is published by BAR Publishing, 2016.

Printed in England

BAR
PUBLISHING

BAR titles are available from:

BAR Publishing
122 Banbury Rd, Oxford, OX2 7BP, UK
EMAIL info@barpublishing.com
PHONE +44 (0)1865 310431
FAX +44 (0)1865 316916
www.barpublishing.com

CENTRO DOCUMENTAZIONE
Corso Magenta 29/5 - 16125 Genova
ITALIA

tel & fax: (0039) 010.2513206
e-mail: roberto_bixio@yahoo.it
        centro.sotterranei@yahoo.it

CENTRO STUDI SOTTERRANEI genova

per la ricerca e la valorizzazione dell'ambiente ipogeo naturale e artificiale

ANI 2004: indagini sugli insediamenti sotterranei
surveys on the underground settlements

testi, foto e grafiche
texts, photos and graphics

Roberto BIXIO
Vittoria CALOI
Vittorio CASTELLANI
Mauro TRAVERSO

In copertina / *On the cover:*
foto in alto / *above:* le possenti mura settentrionali della Ani medievale
                the powerful northern walls of medieval Ani

foto in basso/*below*: insediamento rupestre nel settore A dell'Igazor
                rocky settlement in the sector A of Igazor

LA MISSIONE, sintesi

THE MISSION, synthesis

Periodo

Nel mese di settembre del 2004 si è svolta la missione speleo-archeologica del Centro Studi Sotterranei di Genova.

Period

The speleological-archaeological mission of the Centro Studi Sotterranei of Genoa took place in the month of september, 2004.

Luogo

Le indagini sono state condotte nel sito archeologico di Ani, presso il villaggio di Ocali, nel distretto di Kars, in Turchia orientale.

Place

The survey has been performed in the archaeological site of Ani, near the village of Ocali, Kars district, eastern Turkey.

Membri

Hanno preso parte alla missione italiana:
- Roberto Bixio, presidente del Centro Studi Sotterranei, responsabile della missione.
- Vittoria Caloi, ricercatrice scientifica del CNR.
- Vittorio Castellani, fisico, professore ordinario Università di Roma, esperto di antichi sistemi idrici sotterranei.
- Mauro Traverso, direttore tecnico del Centro Studi Sotterranei.

Members

The Italian mission was composed by:
- *Roberto Bixio, president of Centro Studi Sotterranei, mission head.*
- *Vittoria Caloi, scientific searcher of CNR.*
- *Vittorio Castellani, phisician, professor at Rome University, expert in ancient underground hydric sistems.*
- *Mauro Traverso, technical director of Centro Studi Sotterranei.*

Obiettivi

Individuazione, esplorazione, documentazione delle strutture antropiche rupestri nell'area del sito archeologico della antica città di Ani, sulla base delle indagini effettuate nel 1915 dal ricercatore Davic Kipshize, nel quadro delle campagne archeologiche russe condotte da Nikolai Yakovievich Marr.

Aims

Localisation, exploration and documentaton of the antropic rocky structures in the area of archaelogical site of Ani, following the surveys performed during 1915 by the searcher Davic Kipshize, within the sphere of the russian archaelogical campaigns leaded by Nikolai Yakovievich Marr.

Accreditamenti

La missione del gruppo italiano è stata autorizzata dal Ministero della Cultura turco, Direzione Generale dei Beni Culturali, accreditata presso la Hacettepe Ünivesitesi di Ankara e inserita nella Campagna di Scavi Archeologici di Ani diretta dalla professoressa Beyhan Karamağaralı.

Accredits

The mission of the Italian group was authorized by the Ministry of Culture of Turkey, General Direction, accredited to the Hacettepe Ünivesitesi of Ankara, and inserted in the Ani Archaelogical Excavation Campaign leaded by the professor Beyhan Karamağaralı.

Da sinistra a destra/*from left to right*:
in alto/*above*, la prof. Beyhan Karamağaralı; In basso/*below*, Roberto Bixio;
nella foto grande/*in the wide photography*, Mauro Traverso, Vittorio Castellani e Vittoria Caloi.

RIASSUNTO

La spedizione 2004 è stata finalizzata alla ispezione delle strutture sotteranee relative ad Ani, l'antica capitale dell'Armenia, al confine orientale dell'attuale Turchia.

La monumentale città fu costruita attorno al X secolo su una sorta di piattaforma triangolare delimitata da profondi *canyon* che tagliano le rocce vulcaniche dell'altopiano. Le cavità artificiali sono ubicate lungo le pareti dei *canyon*, spesso distribuite su due o più livelli.

Nel 1915 le strutture sono state indagate da David Kipshize, un membro della spedizione condotta da N.Y. Marr (dal 1870 al 1920 Ani rimase in territorio russo). Egli identificò, esplorò e classificò più di 800 cavità, per la maggior parte delle quali fece delle mappe, anche se senza un preciso orientamento. Inoltre, fotografò tutte le pareti dei *canyon* nei quali si aprono le cavità.

La nostra missione del 2004 intendeva verificare lo stato degli edifici rispetto alle indagini di 90 anni prima, realizzando una esplorazione dettagliata di alcune strutture scelte come termine di paragone, investigando con particolare cura quelle che si trovavano dentro o vicino alle mura della città, in modo da stabilire le relazioni tra la città stessa e i siti sotterranei.

Il primo capitolo contiene un breve resoconto delle motivazioni della missione 2004, assieme a una panoramica della letteratura più significativa e della storia della città.

Il capitolo 2 si occupa degli insediamenti all'esterno della città (insediamenti rurali). Innanzitutto abbiamo fotografato i siti sotterranei dallo stesso punto di vista del ricercatore che ci ha preceduto, scoprendo che nell'ultimo secolo non sono avvenuti sostanziali mutamenti. Successivamente abbiamo rilevato alcune strutture di particolare interesse: una piccionaia di rimarchevole architettura, un gruppo di abitazioni facenti parte di un sistema a più livelli connessi da scalinate (oggi quasi totalmente erose), una piccola chiesa probabilmente parte di un insediamento monastico contiguo a vani con soffitti piramidali. Il paragone con i rilievi di Kipshize mostrano una generale corrispondenza, ma con sostanziali differenze non appena si prendono in considerazione orientamento e sviluppo. Sono state trovate prove che la forma a doppia campana della piccionaia è il risultato di un successivo ampliamento della struttura originale.

I siti sotterranei all'interno delle mura cittadine sono descritti nel capitolo 3. Alcune strutture individuate nel sottosuolo della città presentano caratteristiche assai diverse da quelle poste all'esterno. Il tunnel Ghedan Ghyalmas, molto probabilmente è una struttura militare, con trappole per controllare l'accesso di possibili intrusi. É collegato con un pozzo di circa 15 metri, ben all'interno delle mura cittadine. Il pozzo non era stato visto da Kipshize. Questo fatto e l'orientamento sbagliato hanno pregiudicato una

ABSTRACT

The expedition of 2004 has been devoted to the inspection of the underground structures related to the ancient Armenian capital, Anì, at the eastern border of modern Turkey.

The monumental town was built around the X century on a sort of triangular platform defined by deep canyons which cut the volcanic rocks of the plateau. The artificial cavities are located all along the walls of the canyons, often in two or more layers.

In 1915 the structures have been investigated by David Kipshize, a member of the expedition led by N.Y. Marr (from 1870 to 1920 Anì was in Russian territory). He identified, explored and classified more than 800 cavities, for most of which he gave a map, even if without a precise orientation. Besides, he took pictures of all the canyon walls on which the caves opened.

Our 2004 mission intended to check the status of the dwellings with respect to the investigation of 90 years before, to perform a detailed exploration of some selected dwellings chosen as term of comparison, and to investigate with special care those underground structures which were inside or close the city walls, in order to establish the relations between the town and the underground sites.

The first chapter of the report gives a short account of the motivation of the 2004 mission, together with an overview of the relevant literature and of the history of the town.

Chapter 2 deals with the settlements outside the town (the rural settlements). In first instance we took pictures of the underground sites from the same point of view of the previous investigator, and found out that no substantial change had occurred in the last century. Secondly, we mapped a few dwellings of particular interest: a pigeon-house of remarkable architectural fineness, a set of dwellings part of a system on multiple layers connected with staircases (at present almost completely eroded), a small church possibly part of a monastic settlement and a few nearby rooms with pyramidal ceilings.
The comparison with the maps by Kipshize shows an overall agreement, but with substantial differences as soon as orientation and development inside the rock are involved. Evidence has been found that the double-bell shape of the pigeon-house is the result of a later enlargement of the original upper structure.

The underground sites inside the town walls are discussed in Chapter 3. A few structures are found in the town underground, of characteristics very different from the external ones. The tunnel 'Gedan Ghyalmas' has been found to be most likely a military device, with traps to control the access of possible intruders from the outside. It is connected with a shaft of about 15 m, well inside the city walls. The shaft had not been observed by Kipshize, and this fact plus the erroneous orientation of the whole structure had pre-

sua corretta interpretazione sull'uso del manufatto. Per la prima volta è stata rilevata e documentata un'ampia galleria, parzialmente scalinata, che unisce la città con l'alveo di uno dei fiumi (Kipshize ne aveva dato soltanto una descrizione). Un punto molto importante riguarda la struttura ubicata ai piedi della collina di Içkale, chiamata 'Ani sotterranea' sin dal 1910. Abbiamo scoperto che si tratta di una cavità (forse in parte naturale), modificata e allargata dall'uomo, probabilmente sfruttata come cava/miniera in varie epoche. Due cavità, non menzionate dai precedenti ricercatori, sembrano essere depositi d'acqua.

La tipologia dei siti sotterranei è infine discussa nell'ultimo capitolo 4. I siti che stanno fuori delle mura risultano insediamenti di origini incerte, probabilmente più antichi della città, usati dai contadini, e non direttamente funzionali alla città medesima. Non esiste una diretta connessione tra questi insediamenti sotterranei e l'Ani dentro le mura e non sono stati trovati segni di sistemi difensivi come invece abbiamo individuato in Cappadocia. Ci sono svariati indizi di una prima fase realizzata da persone abili, seguita da un periodo di abbandono e decadenza. Successivamente, scavatori molto meno abili si insediarono nelle cavità. I siti dentro le mura hanno invece differenti caratteristiche: sono pochi e chiaramente non utilizzati come abitazioni. Possiamo concludere che non esiste, e non è mai esistita una 'Ani sotterranea' nel senso di articolate strutture sotterranee strettamente correlate con la vita della città costruita in superficie.

Citiamo infine la presenza le tracce di pozzi aventi probabilmente riferimento ad antiche canalizzazioni sotterranee (qanats).

vented a correct interpretation of the manufacture.

A large gallery, in part a staircase, which connects the town with the banks of one of the rivers, has been mapped and documented for the first time (Kipshize gives only a description).

A relevant point is that the structure located to the bottom of the Içkale hill, called 'Underground Anì' since 1910, has been found to be a cave (perhaps, in part natural) modified and enlarged by man, likely exploited as quarry/mine in various epochs. A couple of cavities, not mentioned by preceding investigators, appear to be water tanks.

The nature of the underground sites is finally discussed in the last Chapter 4. The sites outside the walls appear as settlements of uncertain origins, likely much older than the town, used by farmers, and not functionally related to the town itself. There is no direct connection among these underground settlements and the walled Anì, and no sign of defensive devices, as we have found in Cappadocia. There are various suggestions of a first phase of dwelling construction by experts, followed by abandonment and decadence. Later, much less skilled dwellers installed themselves in the caves. The sites inside the walls have different characteristics: are few and clearly not intended as habitations.

Our conclusion is that there is not, and there has never been, an 'underground Anì' in the sense of underground structures integrated with the life of the town on the surface.

Finally, the presence of possible remains of shafts related to ancient underground canalizations (qanats) are mentioned.

Ani (Kars - Turchia orientale). Il passaggio sotterraneo detto delle 'Porte segrete'/*The underground passage called 'Secret Gates'*.

1. INTRODUZIONE

1.1 Motivazioni della missione

Nel corso della sua più che trentennale attività, il Centro Studi Sotterranei di Genova, oltre che a dedicarsi alla ricerca nel sottosuolo della propria città e in Italia, a partire dal 1991 ha avuto occasione di dedicare una nutrita serie di missioni finalizzate alla esplorazione, allo studio e alla documentazione delle numerose città sotterranee realizzate nel vasto territorio della Cappadocia, nel centro dell'odierna Turchia.

I risultati di tali indagini sono stati presentati nei Congressi Internazionali di Archeologia di Ankara, riportati in articoli apparsi su riviste specializzate ed estesamente trattati nel volume 'Cappadocia: le città sotterranee', edito nel 2002 per i tipi dell'Istituto Poligrafico e Zecca dello Stato di Roma.

Il vasto quadro conoscitivo acquisito nel corso di tali ricerche appariva peraltro meritevole di più ampi confronti, suggerendo di estendere le indagini oltre i confini della Cappadocia, al fine di acquisire nuove ed originali evidenze sulle tecniche adottate dall'uomo sin dalla preistoria nella conquista del sottosuolo e, in particolare, nel suo abitare sottoterra.

1. INTRODUCTION

1.1 Mission background

Starting from 1991, the Centre for Underground Studies of Genoa, during it's more than thirty-years' activity, in addition to the researches into the subsoil of it's own town, in Italy, has had the possibility, too, to perform, several missions in the central region of present Turkey, with the aim of exploring, studying and document the numerous underground settlements located in the very wide Cappadocia territory.

The results of these investigations have been presented in international archeological meetings in Ankara, in papers published by specialized journals, and widely described in the volume 'Cappadocia: the underground cities', published in 2002 by the Istituto Poligrafico e Zecca dello Stato (Rome, Italy).

The quality and quantity of the results collected during such surveys seemed worthy of more wide comparison and suggested us to extend the researches beyond the borders of Cappadocia, in order to increase our knowledge on the techniques used by man since prehistory times in his efforts to build underground dwellings and, in partucular, to live in.

Fig. 1.1) Itinerario (puntini) delle ricognizioni effettuate dal Centro Studi Sotterranei nella Turchia orientale. Nei riquadri sono indicati alcuni dei siti nei quali sono state individuate strutture sotterranee. In grigio a bande diagonali è indicato il territorio soggetto al regno di Armenia ai tempi di Ashot I (884 d.C.), primo re della dinastia dei Bagratidi (grafica R. Bixio).

Routes (dotted lines) of the surveys performed by Centro Studi Sotterranei in Eastern Turkey. In the frames are indicated some of the sites where underground structures have been indentified. Grey diagonal stripes indicate the area submitted to the Armenian kingdom, at the time of Ashot I (AD 884), first king of Bagratides dynasty (drawing R. Bixio).

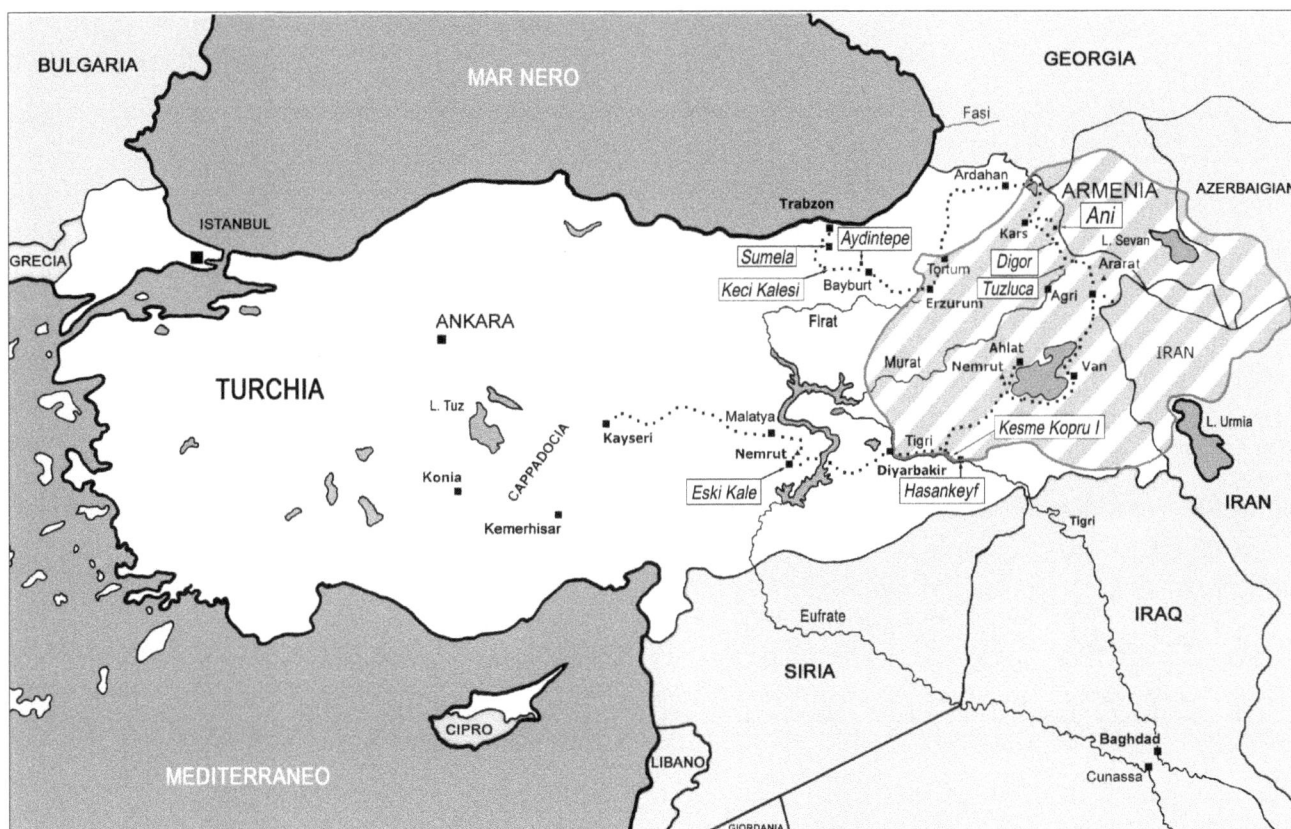

Le fonti storiche, in genere molto avare al riguardo, forniscono peraltro una indicazione della presenza di antichi ipogei giusto ai margini dell'area anatolica. Narra infatti Senofonte, nella 'Anabasi' (IV, 5, 25), che le milizie greche sulla via del ritorno, superate le sorgenti dell'Eufrate, incontrarono insediamenti collocati nel sottosuolo:

'Le abitazioni di questi villaggi sono sotterranee: hanno l'ingresso che sembra la bocca di un pozzo, ma le stanze interne sono spaziose. Le bestie vi entrano attraverso accessi appositamente scavati: gli uomini vi scendono servendosi di scale. Vi allevano capre, pecore, vacche, galline con la loro prole: tutto il bestiame viene nutrito esclusivamente con fieno...'.[1]

Nel seguito avremo occasione di tornare su tali scarne, ma per molti versi preziose informazioni. Qui interessa solo notare come la testimonianza di Senofonte attesti la presenza, attorno al 400 a.C., di abitazioni sotterranee in una regione che corrisponde agli altopiani della Grande Armenia, al confine nord-orientale della Turchia.

Le ricognizioni preliminari eseguite nel 2001 e nel 2002 dal Centro Studi Sotterranei nella parte orientale della odierna Turchia hanno di fatto dimostrato come gli insediamenti ipogei siano tutt'altro che infrequenti anche in

The historic sources, generally scanty on the subject, give nevertheless an indication on the presence of ancient hypogea just at the borders of the Anatolian area. Xenofon, in his Anabasis (IV, 5, 25), tells that the Greek troops on their way back, having passed the Euphrates springs, found some underground settlements:

'The abodes of these villages are underground: their entrance doors look like well mouths, but the internal rooms are large. The animals enter through passages purposely dug; men enter by means of staircases. There they breed goats, sheep, cows, chickens with their offspring; all the cattle are fed exclusively with hay....'.[1]

In the following we shall come back to this scanty, but precious information. Here we wish only to notice how Xenofon gives evidence of the presence, at an epoch about 400 BC, of underground dwellings in a region that corresponds to the highlands of Great Armenia, at Turkey north-eastern border.

Actually, surveys performed by Centro Studi Sotterranei *in 2002 and 2003 in the eastern region of present Turkey have shown, indeed, that underground settlements are not infrequent also there.*

Fig. 1.3) La porta principale delle mura medievali di Ani, vista dall'interno: Arslan Kapısı o Porta del Leone.
The main gate of medieval walls of Ani, view from inside: Arslan Kapısı, or Lion Gate.

questa regione. La figura 1.1 mostra al riguardo il percorso coperto da tali ricognizioni dalle quali si è ricavata l'esistenza di almeno nove siti.

La presenza in loco di strutture sotterranee è peraltro segnalata, sia pur sporadicamente, anche nella moderna letteratura. Tale ad esempio la citazione di Nicoletti (1980) riguardante gli insediamenti sotterranei in corrispondenza dell'antico abitato di Ani, città che alla fine del I millennio della nostra era diventa la nuova capitale del regno di Armenia. Un esteso riferimento a questi ipogei si trova anche nel saggio di Armen Zarian (1988) dedicato alla urbanistica armena.

A seguito di simili evidenze il Centro Studi ha predisposto e programmato per il 2004 una prima missione esplorativa nella regione. Ottenute le dovute autorizzazioni dai Ministeri Turchi competenti, la missione è stata accreditata presso l'Università Hacettepe di Ankara e inserita con un proprio programma di ricerche nella Campagna di Scavi Archeologici condotta ad Ani dal Dipartimento di Storia, sotto la direzione della prof.a Beyhan Karamağaralı.

Nel seguito di questa relazione sono illustrati e discussi i risultati ottenuti nell'espletamento di un tale programma, dedicato specificamente alle indagini ed alla documentazione degli ambienti ipogei presenti nell'area.

Figure 1.1 shows the route covered in the course of the surveys, during which we have identified at least nine sites of interest.

In any case, the presence of underground structures is mentioned, even if rarely, also in modern literature. For example, Nicoletti (1980) mentions the presence of underground settlements near the ancient site of Ani, the town that had become the capital of the Armenian kingdom at the end of the first millenium of present era. Also the essay by Armen Zarian (1988) on Armenian town-planning quotes extensively these hypogea.

On the basis of this evidence, the Centro Studi prepared a first exploratory mission in the region for the year 2004. After having obtained the necessary permits by the qualified Turkish Ministries, the mission has been officially accepted by the Hacettepe University of Ankara and entered with a specific research program in the campaign of archeological excavations performed at Ani by the History and Art Department of the Hacettepe University of Ankara, under the direction of Prof. Beyhan Karamağaralı.

In the following, this relation will expound and discuss the results obtained during the mission, devoted to the investigation and documentation of the hypogea present in the area.

Fig. 1.4) L'ansa meridionale del fiume Ahurian ritaglia il rilievo fortificato del Kizkale e segna il confine moderno tra Turchia e Armenia.
The southern bend of the river Ahurian cuts out the fortified relief of Kizkale and marks the modern boundary between Turkey and Arminia.

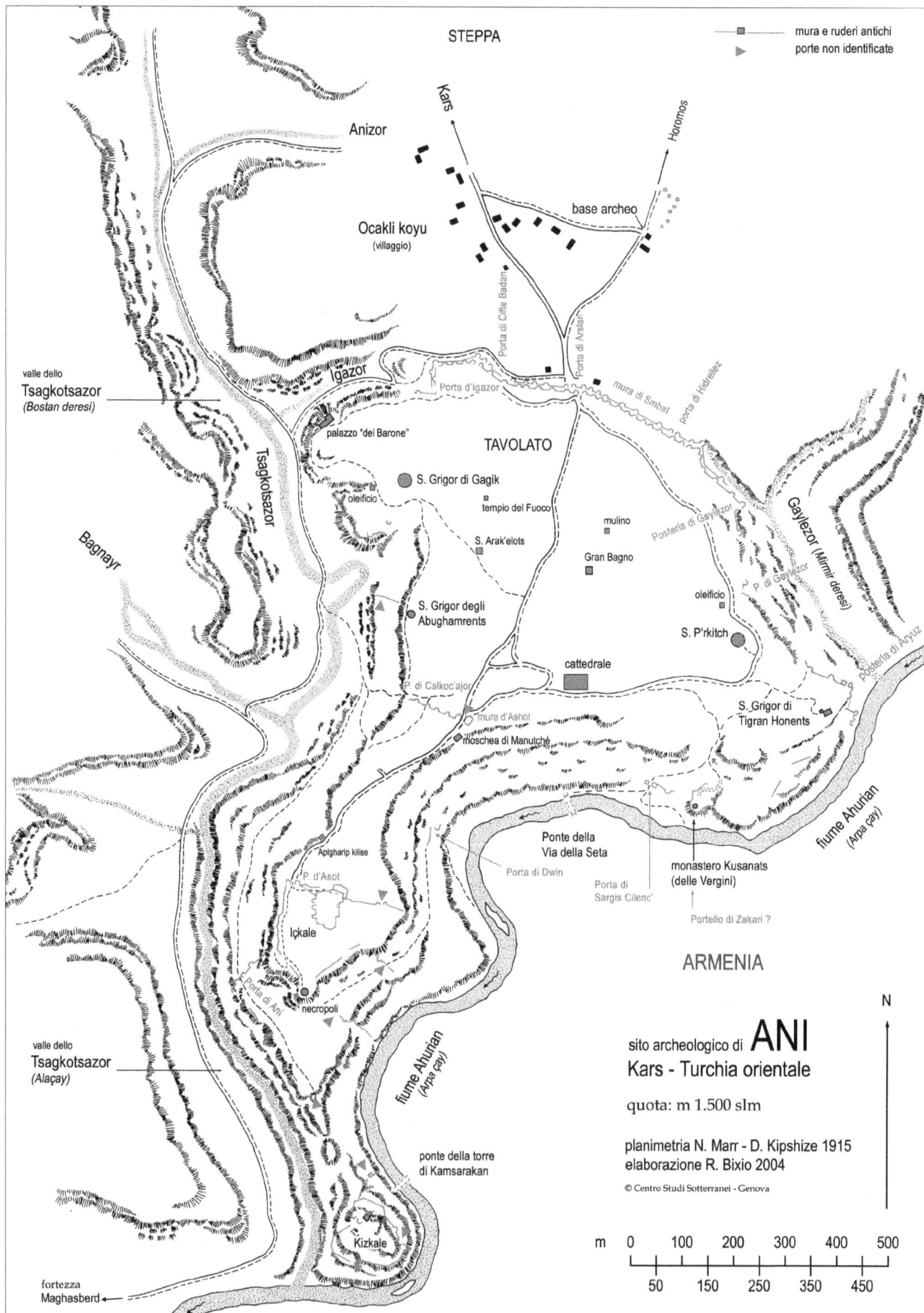

STEPPA

mura e ruderi antichi

porte non identificate

Kars

Horomos

Anizor

base archeo

Ocakli koyu
(villaggio)

Porta di Cifte Badam

Porta di Arslan'

valle dello
Tsagkotsazor
(Bostan deresi)

Igazor

Porta d'Igazor

mura di Smbat

porta di Hidrellez

palazzo "del Barone"

TAVOLATO

Gaylezor (Mirmir deresi)

Tsagkotsazor

S. Grigor di Gagik

oleificio

tempio del Fuoco

mulino

Posterla di Gaylezor

Bagnayr

S. Arak'elots

Gran Bagno

P. di Gaylezor

oleificio

S. Grigor degli
Abughamrents

S. P'rkitch

Posterla di Aryuz

cattedrale

P. di Calkoc'ajor

mura d'Ashot

S. Grigor di
Tigran Honents

moschea di Manutché

fiume Ahurian
(Arpa çay)

Ponte della
Via della Seta

monastero Kusanats
(delle Vergini)

Apigharip kilise

Porta di Dwin

Porta di
Sargis Cilenc'

P. d'Asot

Portello di Zakari ?

Içkale

ARMENIA

Porta di Ani

necropoli

N

sito archeologico di **ANI**
Kars - Turchia orientale

quota: m 1.500 slm

planimetria N. Marr - D. Kipshize 1915
elaborazione R. Bixio 2004

© Centro Studi Sotterranei - Genova

valle dello
Tsagkotsazor
(Alaçay)

fiume Ahurian
(Arpa çay)

ponte della torre
di Kamsarakan

m	0	100	200	300	400	500
		50	150	250	350	450

Kizkale

fortezza
Maghasberd

Fig. 1.5) Mappa morfologica del sito archeologico di Ani, con il tracciato delle mura antiche (grafica di R. Bixio).
Morphological map of Ani archaeological site, with the border line of the ancient walls (drawing R. Bixio)

Fig. 1.2) Le mura dell'antica Ani: bastione di Igajor.
The walls of ancient Ani: Igajor's rampart.

1.2 Inquadramento delle ricerche

Le ancora imponenti mura dell'antica Ani armena (Fig. 1.2, 1.3, 1.4 e copertina) si ergono a circa 40 km dalla attuale città di Kars, nel cuore di un vasto altopiano, leggermente ondulato, ricoperto da una tipica vegetazione stepposa, che si estende ad oltre 1.500 metri di altitudine sull'estremo lembo orientale dell'odierna repubblica di Turchia.

La zona in cui sorgono le rovine di Ani è solcata da un sistema di profondi *canyon* la cui confluenza ritaglia e delimita la piattaforma sulla quale fu costruita la città medioevale L'insediamento ha un andamento quasi triangolare e risulta naturalmente protetto su due lati dalle ripide pareti dei *canyon* mentre il terzo lato, che si affaccia sulla pianura stepposa, fu difeso con possenti mura munite di torri (mappa in Fig. 1.5).

A oriente della città si apre l'arido vallone Gaylezor (in turco Mirmir deresi) che confluisce in un impetuoso corso d'acqua, il fiume Ahurian (in turco Arpa çay). Quest'ultimo attualmente rappresenta il confine tra la Turchia e la Repubblica Autonoma di Armenia, ex Unione Sovietica (Fig. 1.6, a destra e Fig. 1.4).

Il *canyon* occidentale ospita un corso d'acqua più modesto, di fatto un ruscello, dal nome armeno Tsagkotsazor (in turco Alaçay), utilizzato per irrigare le numerose colture ortive disseminate sul fondovalle (Fig. 1.4 a destra e Fig. 1.6, a sinistra).

Alla sua estremità meridionale la città è dominata da due rilievi fortificati: Kizkale (fortezza rossa) e Içkale (fortezza interna) (Fig. 1.4). Lungo le balze scoscese dei *canyon* si prolunga tutta una serie di opere murarie volte a rafforzarne la valenza difensiva.

Sul fondo del *canyon* orientale vi sono i resti di due ponti (Fig. 1.6), oggi abbandonati e in rovina, che consentivano di attraversare il fiume Ahurian per raggiungere il contrapposto pianoro. Si ha memoria di un terzo ponte oggi scomparso.

1.2 The research framework

The still imposing walls of the ancient Armenian Ani (Fig. 1.2) rise at about 40 km from the town of Kars, in the heart of a vast, slightly undulating plateau, covered by a steppe-like vegetation at a height of more than 1500 m, in the farmost eastern region of present Turkey.

In the zone of Ani ruins, many deep canyons are found, some of which outline the platform where the medieval town was built. The platform has a triangular shape and it is naturally protected on two sides by the canyon steep cliffs, while the third side, which faces the steppe plain, has been fortified with mighty walls and towers (Fig. 1.5).

East of town, the dry Gaylezor (in Turkish, Mirmir deresi) valley opens up; it joins the Ahurian river (in Turkish, Arpa cay), whose violent water flow traces the border between Turkey and the Armenian Republic (ex URSS) (Fig. 1.6, on the right, and Fig. 1.4).

In the western canyon a smaller river flows, with the Armenian name of Tsagkotsazor (in Turkish, Alaçay), used to water the many orchards found on the valley bottom.

At the southern end the town is dominated by two small fortified hills: Kizkale (red fortress) and Içkale (internal fortress) (Fig. 1.4). Along the canyon steep cliffs various building works are found, that had the purpose of improving their defensive potential.

The remains of two bridges lie at the bottom of the eastern canyon; at present they are in ruin, but in the past they allowed to cross the Ahurian river and to reach the plateau on the other side. The recollection exists of a third bridge, nowadays disappeared. At the northern slopes of Içkale one finds the wide table-land on which the ancient town developed (fig. 1.6). According to estimates in the literature, it reached a population of about 100.000 inhabitants. At present, most of the old buildings are covered by steppe-like soil, out of which the imposing remains of some Armenian churches stand out, together with few other monuments. Among these, to be noticed a 'Temple of the Fire' built under the Sasanian[2] rule.

Fig. 1.5.a) La cattedrale / *The cathedral.*

Fig. 1.5.b) Rovine della chiesa di S. P'rkitch.
Remains of the St. P'rkitch church.

Fig. 1.5.c) Rovine della chiesa di S. P'rkitch.
Remains of St. P'rkitch church.

Alle pendici settentrionali dell'Içkale si estende il vasto tavolato su cui si sviluppò l'antico abitato (Fig. 1.6). Secondo stime fornite in letteratura, raggiunse una popolazione di circa 100.000 abitanti. Al presente gran parte degli antichi edifici giace al di sotto di una coltre di terreno stepposo dal quale emergono le imponenti vestigia di alcune chiese armene e pochi altri monumenti tra i quali da citare un 'Tempio del Fuoco' eretto in epoca di dominio sasanide[2].

Da un punto di vista geologico l'intero altopiano è costituito da una spessa coltre di depositi vulcanici in cui si alternano, con varia potenza, strati di tufi di diversa consistenza e depositi piroclastici ricchi di ossidiane.

From a geologic point of view, the whole tableau is made up by a thick layer of volcanic sediments, in which one finds, alternatively and with varying thickness, tuff layers with variable consistence and piroclastic sediments rich in obsidian.

All around the town, along the tuff canyon walls, one can see the remains of countless underground settlements, specially where the collapse of the cliffs has shown the inside of the hypogea. At this regard, we have the precious report by the Italian diplomat and traveller Luigi Villari, who visited Ani in 1906:

Fig. 1.6) La città medievale di Ani (vista dalla collina di Içkale) si estendeva su un vasto tavolato ritagliato dalle valli del torrente Tsagkotsazor (a sinistra) e dal fiume Ahurian (a destra). Qui si notano i ruderi del ponte su cui transitava la Via della Seta. Il fronte settentrionale, aperto verso la steppa, era difeso da possenti mura. Nelle rocce affioranti lungo i fianchi dei *canyon* sono scavate circa ottocento strutture rupestri.

The medieval city of Ani (view from Içkale hill) was extended over a wide rock table cuts out by the valleys of the Tsagkotsazor stream (on the left) and of the Ahurian river (on the right). Here we note the remains of the bridge by which the Silk Road crossed. The northern side, open toward the steppe, was defended by powerfull walls. About eight hundred rocky structures have been excavated on the sides of the canyons.

Fig. 1.5.d) La moschea di Manutchè.
Manutchè mosque.

Fig. 1.5.e) La chiesa diS. Arak'elots (SS. Apostoli).
St. Arak'elots church (SS. Apostles).

Tutto attorno alla città, lungo le pareti tufacee dei *canyon* si scorgono i resti di numerosissimi insediamenti sotterranei, dove sono evidenti fenomeni di crollo che hanno sovente portato alla luce l'interno degli ambienti ipogei. Preziosa al riguardo risulta la relazione di una visita ad Ani presentata nel 1906 dal viaggiatore italiano Luigi Villari:

'Very curious and interesting are the cave dwellings, of which there is a large number... A whole row of caves has been dug out of the soft tufa on what I may call the Ani block, just below the castle, another on the opposite side of the little valley, and several rows beyond the Aladja Chai. A large part of the ancient population of Any probably dwelt in them, and many are still inhabited to this day. I entered two or three, and certainly I have never seen more primitive dwelling-places anywhere. There was no overcrowding, as each family had two or three "rooms" at its disposal; but there was no furniture save couches made by cutting into the tufa, a few rags, and some cooking utensils'.

Questi insediamenti furono oggetto di una intensa campagna di studi compiuta nel 1915 dal ricercatore russo Davic Kipshize[3], nel quadro delle campagne archeologiche condotte ad Ani a partire dal 1892 da Nikolai Yakovievich Marr per conto dell'Imperiale Accademia delle Scienze di San Pietroburgo.
È da notare al riguardo come all'epoca Ani risultasse in territorio russo, passando sotto il controllo della Turchia solo nel 1920, al termine della Prima Guerra mondiale, al

'Very curious and interesting are the cave dwelling, of which there is a large number... A whole row of caves has been dug out of the soft tufa on what I may call the Ani block, just below the castle, another one on the opposite side of the little valley, and several rows beyond the Aladja Chai. A large part of the ancient population of Any probably dwelt in them, and many are still inhabited to this day. I entered two or three, and certainly I have never seen more primitive dwelling-places anywhere. There was no overcrowding, as each family had two or three "rooms" at its disposal; but there was no furniture save couches made by cutting into the tufa, and some cooking utensils'.

These dwellings have been intensively studied in 1915 by the Russian researcher David Kipshize,[3] during the archeological campaigns performed at Ani by Nikolai Yakovievich Marr, on account of the Imperial Academy of Sciences of San Petersburg.

At that time Ani was in Russian territory; it passed under Turkish control only in 1920, at the end of the I World War and after the Russian revolution and the revolt by Mustafa Kemal Ataturk. Contrary to what stated by Villari, Kipshize does not mention any inhabitant: probably they moved to the nearby village Ocakli or elsewhere.

The working notes by Kipshize, who died untimely in Tiblisi in 1919, were collected and put in order by N. M. Tokarski, and tardily published by the Armenian Academy

compimento della rivoluzione sovietica e del sollevamento di Mustafa Kemal Ataturk. Al contrario del Villari, Kipshize, nel 1915, non fa cenno di residui abitanti, che probabilmente si trasferirono nel vicino villaggio di Ocakli.

Gli appunti di lavoro di Kipshize, morto prematuramente nel 1919 a Tiblisi, furono raccolti ed ordinati da N. M. Tokarski, e infine tardivamente pubblicati a cura dell'Accademia Armena delle Scienze nel 1972. Risultano censiti ben 823 ambienti sotterranei, in massima parte abitazioni, ma con la presenza anche di chiese, camminamenti, cimiteri e piccionaie. Per molti di tali ambienti vengono fornite piante e sezioni in scala metrica ma, in genere, prive di orientamento.

Nel suo complesso tale materiale rappresenta una preziosa base di partenza per ogni indagine sui sotterranei di Ani, e come tale ha guidato in larga misura anche le ricerche del *team* del Centro Studi Sotterranei. Le ricognizioni eseguite nel corso della presente missione hanno di fatto mostrato come l'indagine condotta da Kipshize risulti sorprendentemente accurata, non solo coprendo esaurientemente il complesso sistema di ipogei ma anche, talora, raggiungendo ambienti di disagevole o difficile accesso lungo le ripide pareti rocciose ed esplorando esigui condotti, allora come ora, percorribili solo con gran difficoltà.

of Sciences in 1972. One finds mentioned the impressive number of 823 underground ambients, mostly dwellings, but also churches, passages, cemeteries and dove-cots. Plans and sections are given for many of these ambients, on a metric scale but generally without orientation.

On the whole, this material represents a precious starting point for any investigation on the undergrounds at Ani, and has largely guided also our investigation. Actually, the surveys performed during the present mission have shown how the investigations by Kipshize were surprisingly accurate, not only covering exhaustively the whole of the complex system of hypogea, but also reaching places difficult to approach along the steep rock walls, and exploring small tunnels through which, at that time like now, one can go with great difficulties.

On the other hand, our surveys have shown that the Kipshize's plottings were performed in a quick way, without the help of instruments, such as a compass, able to determine directions and orientations. As we shall discuss when dealing in detail with some cases, this gives rise to serious imprecisions in the relative positions of the various ambients and, at least in the case of the tunnel 'Gedan Gyalmas' (see later), to such errors in the directions, that prevented any possibility of a correct interpretation of the

Fig.1.6.a) Il minareto della moschea di Manutchè e la collina di Içkale visti dall'ingresso principale della città.
View of the minaret of Manutchè mosque and the Içkale hill from the main city entrance.

Le ricognizioni hanno peraltro chiaramente mostrato che i rilievi presentati da Kipshize furono eseguiti in maniera speditiva, senza l'ausilio di uno strumento, quale una semplice bussola, in grado di rilevare le direzioni e gli orientamenti. Come discuteremo nel dettaglio dei singoli casi, ne conseguono talora forti imprecisioni nella collocazione relativa dei vari ambienti e, almeno nel caso del tunnel 'Ghedan Ghyalmas' (vedi capitolo 3), gravi errori di direzione che all'epoca preclusero ogni possibilità di interpretazione delle funzioni del condotto stesso. I dati registrati da Kipshize forniscono peraltro in ogni caso un preziosissimo punto di partenza a cui faremo costante riferimento nella discussione dei risultati raggiunti nel corso della presente indagine.

1.3 Cenni storici

L'attenzione della letteratura moderna risulta ampiamente focalizzata sulla Ani armena, sia per il ruolo centrale svolto dalla città nella storia di quella cultura sia per essere indubbiamente il periodo armeno quello di maggior sviluppo e fulgore del centro abitato.

Per collocare le indagini in un corretto quadro di avvenimenti storici è opportuno ripercorrere qui, sia pur sommariamente, le principali informazioni sulle dominazioni che si sono succedute su di un territorio che, sin da tempi antichissimi, è stato un tormentato crocevia di popolazioni.
Nella prima metà del II millennio a.C. l'Armenia si colloca ai margini orientali del grande impero ittita, in un'area dove, a partire dalla seconda metà dello stesso millennio e sino a circa l'inizio del VI secolo a.C., si estenderà il territorio di Urartu. Entrata a far parte dell'impero persiano, vi permane sino alla caduta dello stesso ad opera di Alessandro Magno (seconda metà del IV secolo a.C.) per passare prima sotto il dominio dei Seleucidi e poi dei Parti, rimanendo a lungo contesa tra Parti e Romani.

Nel 269 d.C. fu conquistata dai Sasanidi e, attorno alla metà del VII secolo, dagli Arabi che nell'885 riconobbero re del paese l'armeno e cristiano Ashot, della dinastia dei Bagratidi. Nell'XI secolo passò sotto il controllo dei Turchi selgiuchidi, poi dei Mongoli (1206), di Timur (1387) e infine degli Ottomani (1473). Tralasciamo gli avvenimenti più recenti che, a partire dal XVII secolo, hanno visto l'Armenia variamente contesa tra Persiani, Russi e Turchi.

Per ciò che riguarda in particolare Ani, le testimonianze sulla frequentazione del sito risalgono, indietro nel tempo, sino al Bronzo antico (Nazaryan 1997). Arakelian nella sua introduzione al lavoro di Kipshize (1972), riporta la presenza sul territorio di inumazioni risalenti all'epoca di Urartu, testimoniando la presenza di insediamenti sin dal I millennio a.C.

In relazione alle abitazioni sotterranee, Arakelian nota come esse non siano infrequenti nella regione (citando le località di Vyshgorod, Varzisk, Ghegard e Airivank). Qui possiamo anche ricordare come l'antica capitale urartea

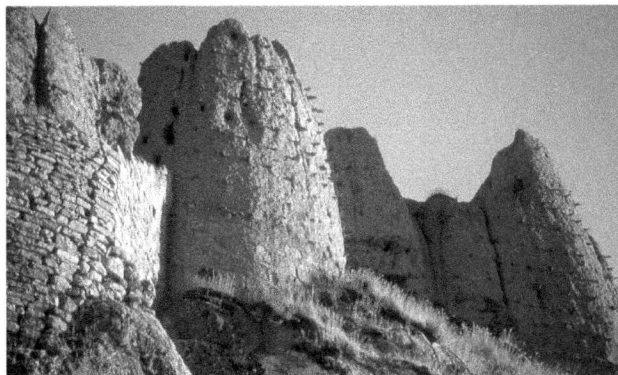

Fig. 1.7) Fortificazione Urartu sul lago di Van.
Urartu fortification on the lake of Van.

purpose of the tunnel itself. In any case, the data by Kipshize have been the starting point all along our investigation and in the discussion of the results.

1.3 Historical background

Modern studies have mainly dealt with Armenian Ani, and this for various reasons. The town played a central role in the history of Armenian culture, and the Armenian epoch has been without doubt the epoch of the greatest development and splendour of the town. In order to set our investigations in a correct historical frame, we shall briefly recall the main events that took place in this region, since ever a crossroads of populations.

In the first half of the 2nd millennium BC Armenia is placed at the eastern border of the great Hittite empire; in this region, from the second half of the same millenium until the beginning of the 6th century BC, the Urartu territory will extend. Afterwards, it made part of the Persian empire, till this was conquered by Alexander the Great (second half of the 6th century). After it fell under the rule of the Seleucidae and then of the Parthians, and it was contested by Parthians and Romans for a long time.

In 269 it was conquered by the Sasanidae and by the Arabs around the half of the 7th century. In 885 the Arbas recognized as king of the country the Armenian and christian Ashot, from the Bagratides dynasty. In the 11th century it fell under the control of the Turkish Seljuks, then of the Mongols (1206), of Timur (1387) and eventually of the Ottomans (1473). We do not mention the most recent events: from the 17th century, Armenia has been contended for by Persians, Russians and Turks.

With regard to Ani, there is evidence that the site was frequented since the Ancient Bronze (Nazaryan 1997). In his introduction to the work by Kipshize (1972), Arakelian reports the presence of inhumations of the Urartu epoch, suggesting the existence of settlements already in the 1st millenium BC.

For what concerns the underground dwellings, Arakelian observes that they are not infrequent in the region (he quotes the sites of Vyshgorod, Varzisk, Ghegard and Airivank).

13

sul lago di Van, Tushpa, sia stata edificata alla sommità di un banco roccioso (Fig. 1.7) in cui sono presenti numerose caverne artificiali di incerta destinazione.

La testimonianza di strutture urbane ad Ani risale almeno al IV secolo d.C., quando i principi Kamsarakan, già convertiti al cristianesimo, attuarono una ristrutturazione della preesistente cittadella e la costruzione di un primo palazzo (Kevorkian, 2001). Tuttavia la fioritura di Ani avviene, sia pur tra alterne vicende, essenzialmente nel periodo tra il IX e il XII secolo d.C.

Capitale dell'Armenia dal 961 al 1045, nel 1064 viene distrutta dai Selgiuchidi, ma presto rifiorisce con un periodo di fulgore che si estende dal 1099 al 1236, interrotto nella Pasqua del 1211 dalla vittoriosa scorreria del sultano di Ardebil (nell'Iran nord-occidentale) che si tramanda aver occupato la città sgozzando oltre 12.000 cittadini. Nel 1236 viene conquistata dai Mongoli. Nel 1319 è colpita da un grave terremoto e attorno al 1500 risulta essere ormai un villaggio semi abbandonato.

Let us mention the fact that the ancient Urartu capital on the Lake Van, Tushpa, has been built on the top of a rocky bank in which many artificial caves of uncertain use are found.

The first urban structures at Ani date at least to the 4th century, when the Kamsarakan princes, already christians, reshaped the pre-existing fortress and built a first palace (Kevorkian 2001). The most flourishing period, even if with many ups and downs, was the one between the 9th and the 12th century.

Ani was the Armenian capital from 961 to 1045, in 1064 it was destroyed by the Seljuks but soon it bloomed again with a period of splendour from 1099 to 1236, interrupted at Easter 1211 by the bloody raid of the sultan of Ardebil (north-western Iran), who supposedly occupied the town killing more than 12.000 citizens. In 1236 it was conquered by the Mongols, in 1319 it was hit by a strong earthquake, and around 1500 it is no more than a semi-deserted village.

[1] Da 'Anabasi', a cura di E. Ravenna, A. Mondadori, Milano 1984.

[2] Con tale termine si indica la dinastia che regnò in Persia dal 224 al 636 d.C., estendendo i suoi domini sin quasi al Mar Nero.

[3] Il ricercatore era in realtà originario della Georgia, all'epoca provincia della Russia.

[1] *From 'Anabasi', care of E. Ravenna, A. Mondadori, 1984*

[2] *This is the term used for the dynasty that ruled in Persia from 224 to 636, extending its domain almost to the Black Sea.*

[3] *The researcher, really, originally came from Georgia, at that time a Russian province.*

Fig. 2.2) La valle dello Tsagkotsazor, o Bostan deresi (Valle degli Orti), vista dalle pendici occidentali del tavolato di Ani. Sullo sfondo la 'cittadella' (Içkale), oltre la quale lo Tsagkotsazor si appresta a confluire nel fiume Ahurian (Arpa çay).

The Tsagkotsazor valley, or Bostan deresi (Orchard valley); view from the western slopes of Ani plateau. On the background the citadel (Içkale), beyond which the Tsagkotsazor is flowing into Ahurian river (Arpa çay).

2. GLI INSEDIAMENTI RURALI

Le indagini della missione si sono sviluppate secondo una procedura che prevedeva innanzitutto una ispezione generale dei complessi sotterranei che si aprono lungo le pareti dei canyon che circondano la città, volta a valutare l'eventuale avanzamento di processi di degrado rispetto alla situazione testimoniata nell'opera di Kipshize.

Vi era in particolare la possibilità che i frequenti terremoti, tra i quali si ricorda quello del 1935 che provocò il parziale crollo della cattedrale, potessero aver alterato le strutture ipogee, inducendo sostanziali crolli delle pareti rocciose. Mostreremo nel seguito come invece la situazione degli ipogei sia rimasta complessivamente immutata dai tempi di Kipshize.

Successivamente sono stati esplorati e topografati alcuni insediamenti scelti come campione, riportandone una esauriente documentazione fotografica.

È stata infine compiuta una accurata ricerca di ipogei collocati all'interno o nei pressi della cinta muraria, con l'intento di verificare il grado di correlazione tra città murata e strutture sotterranee, ritrovando ed esplorando, tra gli altri, tre ambienti sotterranei (due tunnel ed una vasta cavità) già segnalati da Kipshize e riportando la presenza di alcune cisterne sotterranee nella parte occidentale dell'antico abitato.

Alcuni indizi portano infine a sospettare la possibile presenza nella piana a nord dell'abitato di antichi sistemi di emungimento e trasporto delle acque.

In questa sezione verranno riportati e discussi i risultati delle indagini sugli insediamenti extraurbani, riservando la prossima sezione (cap. 3) alla descrizione degli ipogei direttamente collegabili alla città murata.

2. THE RURAL SETTLEMENTS

The first step in our investigations foresaw the general survey of the underground dwellings, to be seen all along the cliffs of the canyons which surround the town. Our purpose was to estimate the degree of deterioration suffered by the dwellings, in comparison with the situation described by Kipshize.

In particular, there was the possibility that the frequent earthquakes, among which the one in 1935 that partially destroyed the cathedral, could have altered the hypogea because of the collapse of the cliffs. On the contrary, we shall see, in the fllowing, how the situation of the hypogea has remained substantially unchanged since Kipshize's time.

Next, we surveyed and mapped some settlements chosen as standard sample, of which an exhaustive photographic documentation was obtained.

Finally, we looked with great care for hypogea at the interior of, or near, the town walls, in order to check the presence of a relation between the walled town and the underground structures. We rediscovered and investigated, among others, three underground structures (two tunnels and a large cavity) already mentioned by Kipshize, and reported the presence of a few underground cisterns in the western section of the old town.

Besides, some evidence suggests the presence of old systems for intercepting and carrying of water, in the plain north of town.

In this Section we shall report and discuss the results of the investigations on the out-of-town settlements, while the next one (chapter 3) will describe the hypogea related to the walled town.

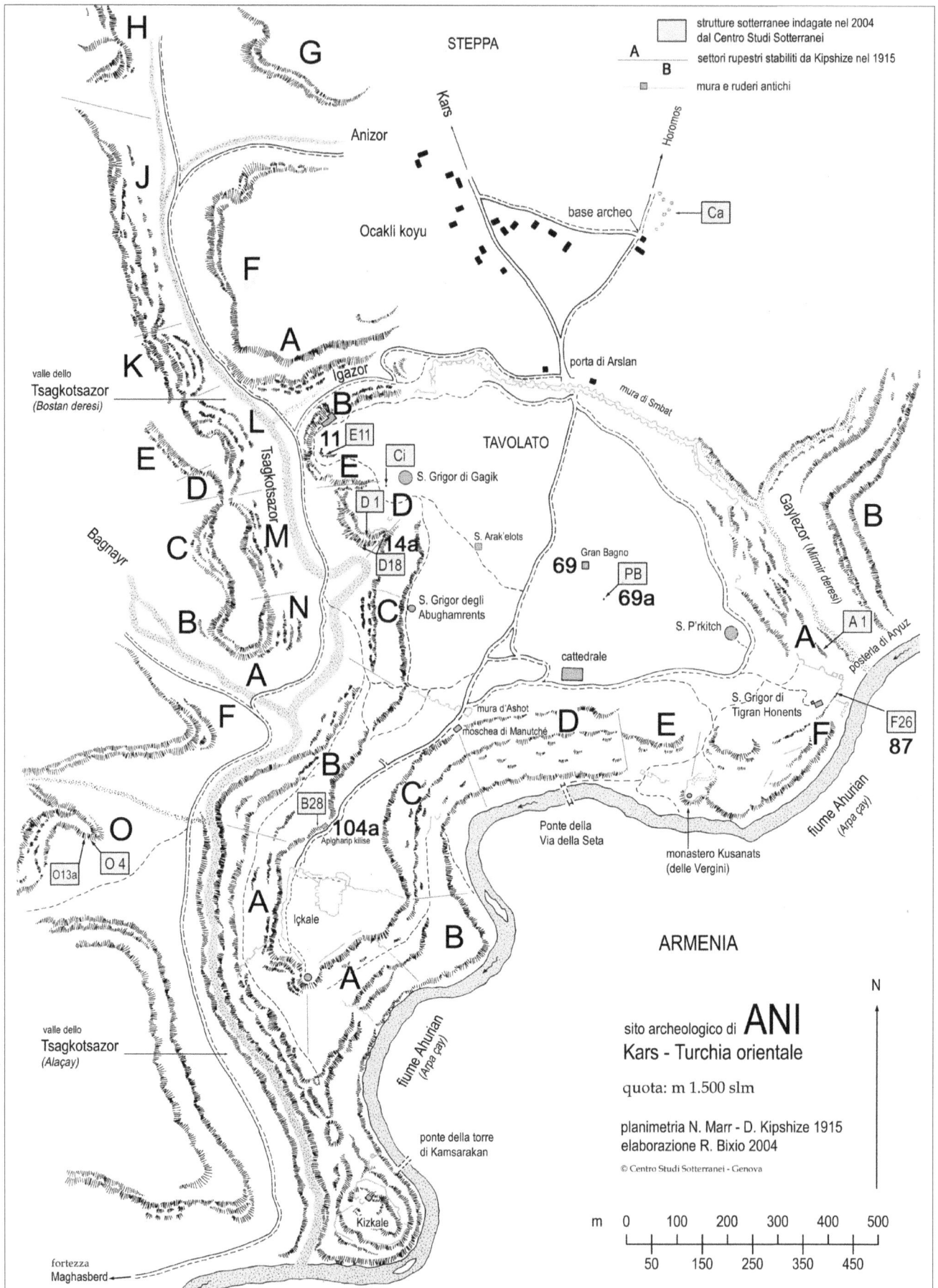

Fig. 2.1) Topografia del sito di Ani con ripartizione di Kipshize in settori (lettere in grassetto). I riquadri riportano gli ipogei investigati nel corso della missione e discusse nel testo. I numeri in grassetto si riferiscono alla lista di Orbeli (vedi tabella 3.1 - capitolo 3). (grafica R. Bixio, 2004).

Map of Ani site with the distribution of sectors (bold letters) by Kipshize. Inside the frames there are the indication of the hypogea surveyed during the mission and discussed in the text. Bold numbers refer to Orbeli list (see table 3.1 - chapter 3). (drawing R. Bixio, 2004).

2.1 Stato degli insediamenti

Per discutere lo stato degli insediamenti che si aprono lungo i canyon faremo riferimento alla classificazione proposta da Kipshize e riportata nella Fig. 2.1. Partendo dall'evidenza che la maggior parte degli ipogei è raggruppata a formare 'villaggi' rupestri, quell'autore ha identificato lungo le pendici dei canyon un totale di 30 settori, elencandoli con il nome delle rispettive valli, seguito in ordine alfabetico dalle lettere A, B, C, ecc.

All'interno di tali settori le singole strutture sono poi numerate progressivamente. Si hanno così, partendo da occidente e procedendo in senso antiorario, i seguenti raggruppamenti[1]:

- Canyon Tsagkotsazor e affluenti: 22 settori
  + Igazor A, B
  + Tsagkotsazor (Bostan deresi e Alaçay[2])
    A, B, C, D, E, F, G, H, I, K, L, M, N, O
  + Bagnayr A, B, C, D, E, F

- Canyon Ahurian e affluenti: 8 settori
  + Ahurian (Arpa çay) A, B, C, D, E, F
  + Gaylezor (Mirmir deresi) A, B

Riservandoci di discutere origine e funzione di tali insediamenti nella parte conclusiva di questa relazione, notiamo qui solamente come la grande maggioranza di essi si collochi in corrispondenza del corso d'acqua secondario dello Tsagkotsazor, non a caso ridenominato in turco 'Bostan deresi', cioè 'Ruscello degli Orti'. Ciò è con ogni probabilità collegato al fatto che quella valle (Fig. 2.1) si presta alle coltivazioni molto meglio del ripido canyon che ospita il corso del fiume Ahurian.

Tale privilegiata collocazione mostra nel contempo come gli insediamenti non siano stati concepiti come semplici satelliti al servizio della città murata ma facciano riferimento anche al circostante territorio rurale. La ricca documentazione fotografica prodotta da Kipshize rende possibile una valutazione dell'eventuale avanzamento di processi di

2.1 Conditions of the settlements

When discussing the state of the settlements along the canyons we shall refer to the classification proposed by Kipshize and reported in Fig. 2.1. Starting from the fact that most of the hypogea appear assembled to form very 'rocky villages', Kipshize identified along the canyons sides a total of 30 sectors, indicated by the name of the related valley plus the letters A, B, C, etc., in alphabetic order.

Within each sector, the single structures are numbered in progressive order. Therefore one finds, beginning from the West and proceeding anti-clockwise, the following groups[1]:

- *Tsagkotsazor Canyon and tributaries: 22 sectors*
  +Igazor A, B
  +Tsagkotsazor (Bostan deresi and Alacay)[2]
    A,B,C,D,E,F,G,H,I,K,L,M,N,O
  +Bagnayr A,B,C,D,E,F

- *Ahurian Canyon and tributaries: 8 sectors*
  +Ahurian (Arpa cay) A,B,C,D,E,F
  +Gaylezor (Mirmir deresi) A,B.

We shall discuss the origin and the function of these settlements in the conclusive section of this report. Here we only note that the large majority of the settlements is located near the secondary water course Tsagkotsazor, that not by chance is called in Turkish 'Bostan deresi', that is, 'Orchard brook'. This name is very likely due to the fact that the Tsagkotsazor valley (Fig. 2.1) is much more fit for cultivation than the steep canyon in which the Ahurian flows.

Such a privileged location shows also how the settlements have not been established as simple satellites at the service of the walled town, but are related also to the surrounding rural territory. The abundant photographic documentation by Kipshize allows to estimate the amount of deterioration, if any, that took place in the ninety years

Fig. 2.3) Il settore/*sector* Tsagkotsazor E.

Fig: 2.4) Il settore/*sector* Igazor A.

degrado nei novanta anni intercorsi dall'epoca di quelle indagini. Per ogni settore il ricercatore georgiano presenta infatti una foto panoramica dell'intero insediamento, accompagnata in molti casi da foto di alcuni rilevanti particolari degli ambienti ipogei.

Nel corso della missione sono stati quindi ripercorsi i vari canyon, identificando con relativa facilità il punto di vista da cui furono scattate le antiche foto e acquisendo una analoga rinnovata documentazione fotografica. La figura 2.3, ad esempio, rappresenta il sito Tsagkotsazor E) fotografato nel 2004. Messa a confronto con la foto scattata da Kipshize nel 1915 mostra come il sito sia rimasto sostanzialmente inalterato, sia per quel che riguarda l'apparenza degli ipogei, sia, addirittura, per ciò che concerne la distribuzione dei massi lungo il pendio erboso.

Analoghe evidenze si traggono dagli ulteriori paragoni fotografici tra i vari siti. Se ne può concludere che il secolo trascorso tra le due ispezioni ha portato solo marginali modifiche nello stato degli ipogei, rendendo così possibile un dettagliato riesame delle risultanze acquisite nel 1915 dalla missione russa.

2.2 L'ipogeo Tsagkotsazor D/1

Nel quadro della programmata campionatura dei sistemi sotterranei, si è scelta come prima struttura il sistema marcato da Kipshize come D/1, nel settore Tsagkotsazor D, sulla riva sinistra dell'omonimo corso d'acqua. L'ipogeo, come segnalato dalle frecce in Fig. 2.5, si colloca all'esterno della cinta muraria, poco al di sotto della stessa.

L'ipogeo è attualmente raggiungibile con qualche difficoltà costeggiando il lato settentrionale di una torre, indicata da Kipshize come torre n° 95. Discendendo un breve ghiaione e aggirando un masso sul bordo della falesia si sbocca sulla comoda cengia sulla quale si collocano le aperture che conducono a due contigui ambienti sotterranei e, da qui, a successive strutture ipogee.

La Figura 2.8 mostra la pianta risultante dal presente rilevamento, riportando nel contempo anche la pianta contenuta nel testo di Kipshize, ruotata di 45° per consentire un più agevole raffronto. Per comodità del lettore il rilievo moderno adotta, quando esistenti, le sigle del disegno di Kipshize, proponendo invece una nuova numerazione per ulteriori riferimenti.

In relazione alla topografia moderna, notiamo che nell'ambiente **f1** una apertura nel suolo (punto 16) consente di accedere alla serie di sottostanti ipogei riportati in pianta. Tale apertura non è segnalata nel Kipshize, forse perché prodottasi dopo il 1915 o per un deliberato sfondamento, o per crollo naturale. Ma forse anche per non aver raggiunto tale vano, accessibile solo con gran difficoltà.

In ogni modo Kipshize limita l'ipogeo D/1 al solo livello superiore, riportando gli ambienti del livello inferiore in

since his investigations.

For every sector, the Georgian researcher gives a panoramic picture of the whole settlement, together with, in many cases, pictures of some relevant detail of the underground dwellings.

During the mission we went through the various canyons, identifying rather easily the point of view from which the old pictures have been taken, and, in turn, taking new pictures from the same spot. Figure 2.3, for example, represents the site Tsagkotsazor E) photographed during the present investigation. The shot compared with that one taken by Kipshize in 1915 shows how the site is substantially unchanged, both with respect to the appearance of the hypogea, and - even - for what concerns the distributions of the boulders along the grassy slope.

Other photoghaphic comparisons between the different sites give similar results. We can conclude that the century elapsed between the two surveys has modified only marginally the conditions of the hypogea, allowing in this way a detailed re-examination of the results of the Russian mission of 1915.

2.2 The hypogeum Tsagkotsazor D/1

We chose the settlement indicated by Kipshize as D/1 in the sector Tsagkotsazor D, as first sample of our selection of underground systems; it is located on the left bank of the homonymous water course. The hypogeum, as indicated by the arrow in Fig. 2.3, lies outside and a little under the walls.

At present the hypogeum can be reached with some difficulty going along the northern side of a tower, indicated by Kipshize as tower no. 95. Going down a short gravely soil and going around a boulder at the border of the cliff, one reaches an easy ledge along which are located the openings that lead to two neighbouring underground rooms and, from these two, to other hypogea.

Figure 2.8 shows the map obtained during the present survey, together with the same map drawn out the Kipshize's text, but rotated of 45 degrees to allow an easier comparison. For convenience of the readers, the modern map maintains, when present, the symbols used in Kipshize's drawing, while giving a new numeration for further references.

*With reference to modern topography, we note that in the ambient **f1** an opening in the floor (point 16) gives access to a series of lower hypogea indicated on the map. This opening is not reported by Kipshize, perhaps because it appeared after 1915 either due to an intentional breaking or to a natural collapse. Maybe also because he did not visit the room, that can be reached only with great difficulty.*

In any case, Kipshize limits the hypogeum D/1 at the upper level alone, reporting the lower rooms in a plan apart

un rilievo separato e marcando con la sigla D/3 l'ambiente 17 del rilievo moderno.

Dall'esterno quest'ultimo vano è raggiungibile attraverso un passaggio discendente molto esposto, una sorta di cornice, residuo di antichi crolli che, modificando in maniera sostanziale il profilo della falesia, hanno cancellato il vano **f**. Tali crolli non consentono di raggiungere ulteriori vani che si aprono lungo la parete, a lato del punto 23, pertanto non riportati in planimetria.

Con riferimento al solo livello superiore, dal testo russo si ricava che il rilievo delle strutture di tale livello ha avuto una storia complessa. Tokarski (1972) infatti annota:

'La mia esplorazione del 1916 ha mostrato che non c'era solo la fila delle sei stanze, ma c'era anche un'ala ad angolo rivolta verso il fiumicello di Ani (n.d.r. la sala **g-h**). Nella descrizione di Kipshize non c'è nulla di questo, probabilmente perché **b1** era piena fino al bordo; di **b** non dice nulla delle nicchie né del tetto a piramide né del buco in cima, ha solo guardato attraverso la porta **a1**. Osserviamo peraltro che secondo le nostre osservazioni non è esclusa una diversa ricostruzione della ala sud: solo 3 stanze (**b, d, f**) e un corridoio davanti'.

and indicating with the symbol D/3 the ambient 17 of the modern plan.

*From the outside, this latter room can be reached through a rather dangerous descending passage, a sort of ledge, remain of ancient collapses which, modifying substantially the cliff profile, have deleted the room **f**. These collapses do not allow to reach other room openings along the wall, beside point 23, which therefore are not reported on the present plan.*

With reference to the upper level alone, we draw from the Russian text that the survey of its structures has been a complex one. In fact, Tokarski notes:

*'My exploration in 1916 has shown that there is not only the suite of six rooms, but also a corner wing towards Ani brooklet (note of editor: room **g-h**). We find nothing on this regard in Kipshize's description, probably because **b1** was filled up to the rim; of **b**, he does not mention either the niches or the pyramidal roof, or the hole at the top, he only gave a look through the door **a1**. Besides, we note that, according to our observations, a different reconstruction of the south wing is possible: only three rooms (**b,d,f**) and a front passage'.*

Fig. 2.5) La parete meridionale del settore Tsagkotsazor D. Le frecce indicano alcuni ipogei scavati nella roccia, descritti nel testo.
The southern rocky wall of Tsagkotsazor sector D. Arrows show some of the caves dug in the rock, described in the text.

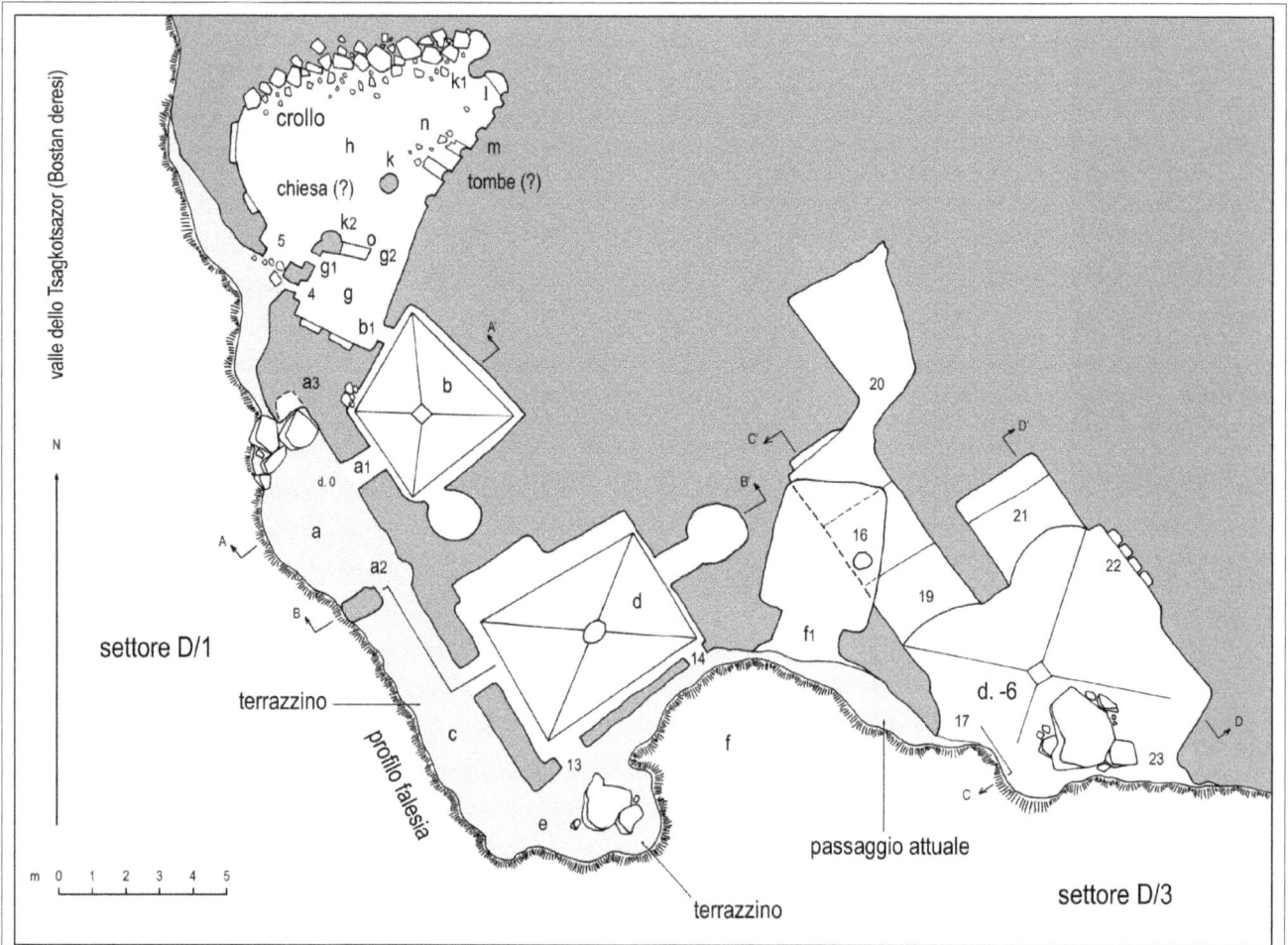

ipogeo: **MONASTERO RUPESTRE**

riferimento Kipshize: settori D/1 e D/3
riva sinistra Tsagkotsazor
sito: ANI (Kars - Turchia orientale)

rilievo 2004:
Castellani V., Caloi. V., Traverso M., Bixio R.
© Centro Studi Sotterranei - Genova

dislivello: m -6
sviluppo spaziale: m 60

a lato

planimetria originale (ruotata di 45°):
Kipshize - Tokarski, 1915/16

modificata da R. Bixio, 2004

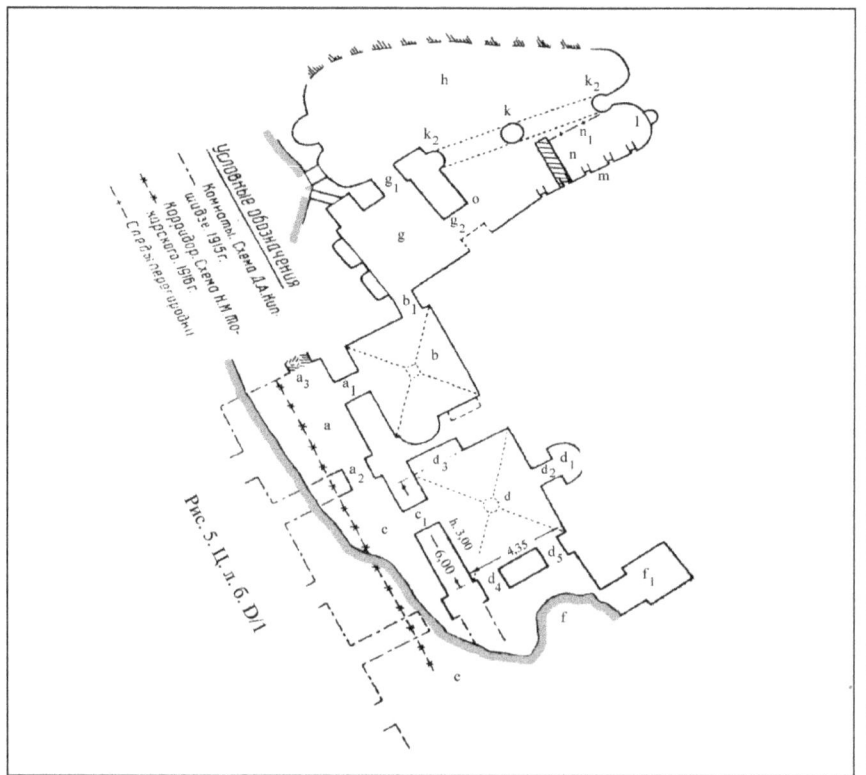

Fig: 2.8) Pianta, realizzata nella spedizione del 2004, degli ipogei accessibili del settore Tsagkotsazor D/1. Nel riquadro più piccolo, in basso, la pianta realizzata da Kipshize nel 1915 (grafica R. Bixio, 2004).

Plan, realized during the expedition of 2004, of accesible caves of sector Tsagkotsazor D/1. In the smoller frame, below, the plan drawn by Kipshize in 1915 (drawing R. Bixio, 2004).

Nel rilievo Kipshize ipotizza infatti, sul lato esterno della cengia-corridoio, l'esistenza di una ulteriore serie di camere già al suo tempo scomparse, poste in una fila prospiciente alla valle, di cui vi è una ben scarsa evidenza. Sempre Tokarski aggiunge la descrizione dei nuovi ambienti:

'Attraverso **b1** siamo entrati in **g**, quasi quadrata con nicchie e due uscite **g1** e **g2** verso il grande ambiente **h**, di configurazione complessa. La parete lunga, un tempo rivolta verso il fiumicello di Ani, è crollata. La stanza **h** è composta da due parti disuguali, unite da due grandi aperture con archi che poggiano su una colonna **k**; in corrispondenza, sulle pareti, **ci** sono delle protuberanze **k1** e **k2**. Nella metà più piccola della stanza, che termina con una nicchia **l**, si conservano i resti di strutture realizzate in tempi diversi. Sulla parete si trovano i pilastri **m**, con sopra delle basi di arco la cui sommità è distrutta. Il fatto che il primo pilastro si trovi di fronte alla colonna mediana farebbe supporre che la volta si estendesse a tutto l'ambiente e che le tramezze **n** e **n1** rappresentino un intervento posteriore. Questa ipotesi può essere confermata solo da scavi, perché le pareti emergono appena dai detriti e non si vede se **n** e **n1** sono state scavate nella roccia o se sono state "costruite"(nota di Tokarski)'.

Dunque il rilievo del grande ambiente **g-h** non può che essere di Tokarski, mentre la mappa degli altri ambienti è probabilmente di Kipshize stesso.

Dal confronto con la planimetria moderna è facile osservare come le due parti del rilievo antico abbiano palesemente accuratezza assai diversa. Nella parte attribuibile a Kipshize con tutta evidenza si è infatti in presenza non di una vera e propria topografia ma di un rilievo 'di massima', eseguito con solo alcune poche misurazioni lineari e con ogni probabilità senza l'ausilio di strumenti, quali una bus-

Fig. 2.9) Sezione degli ipogei D/1 e D/3 di Fig. 2.8 (Bixio, 2004).
Sections of D/1 and D/2 caves of Fig. 2.8 (Bixio, 2004).

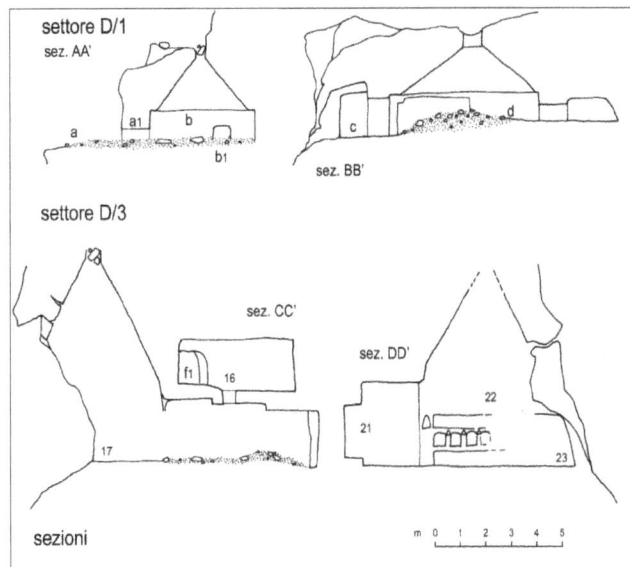

In fact, in his map Kipshize supposes the presence of another suite of rooms, on the outside of the ledge-passage looking toward the valley, disappeared already at his time: of these rooms there is very little evidence. Still Tokarski describes the new rooms:

*'Through **b1** we entered **g**, almost square with niches and two exits **g1** and **g2** toward the large ambient **h**, of complex shape. The long wall, once facing Ani brooklet, has collapsed. Room **h** is composed by two unequal parts, joined by two large openings with arches resting on column **k**; in coincidence two protuberances **k1** and **k2** are found on the wall. In the smaller part of the room, which ends with a niche, one finds the remains of structures built at different times. On the wall are the pillars **m**, over which the bases of arches whose tops are now destroyed. The fact that the first pillar is located in front of the middle column suggests that the vault covered the whole ambient and that the partitions **n** and **n1** have been built later. This hypothesis could be confirmed only by excavation operations, since the walls barely show up above the debris and it is not possible to see whether **n** and **n1** have been dug in the rock or have been "built"'(note of Tokarski)'.*

*Therefore the plan of the large ambient **g-h** has been made by Tokarski, while the plan of the other rooms has been likely made by Kipshize himself.*

*By comparison with present planimetry, one notes that the two parts of the old plan have clearly a different degree of accuracy. The part likely due to Kipshize is not a real topography, but an approximate map, made on the basis of a few linear measurements, and very likely without instruments - such as a compass - to get the orientations. This is shown, for example, by the incorrect plans of rooms **b** and **d**, and their incorrect orientation with respect to room **f1**.*

*In the mentioned conditions, there is a natural disposition to adjust the ambient plans, and therefore a great difficulty to estimate the correct orientations. In the following surveys we shall find many and clear confirmations of this lack of reliability. The part added by Tokarski appears more accurate, indicating rather exactly the orientation of room **g** with respect to room **b**, and the slight variation in orientation on the wall between **o** and **l**.*

In any case, we want to stress that these observations are by no means to be considered as a lack of appreciation of the huge amount of work performed by Kipshize. He got to and visited almost one thousand rooms, of which he reported the various shapes, even if with the mentioned limitations. We note also that, when dealing with underground settlements, a precise topographic plan is important only in view of the possibility of showing the limitations in the project and execution of the digging

Fig.2.10) Tsagkotsazor. La copertura piramidale dell'ambiente **d**.
*Tsagkotsazor. The pyramidal covering of room **d**.*

of the rooms themselves, as in present case. In fact, the precise alignments in the map by Kipshize could suggest a work following a strictly prearranged project. Instead, the real map shows a more flexible and varied topography, giving therefore a more complete information on the origin and development of the settlements themselves.

*In the Russian plan the dashed line along the cliff border represents a revision of the border itself performed by Kipshize's colleague, N.M. Tokarski, after his surveys in 1916. Actually, the course of the border given by Kipshize is reasonably correct, but the size of the landing is too large when compared with the only size (6 m) reported on the plan. The line by Tokarski cannot indicate the cliff limit, and should only indicate the necessity of pulling back the mentioned limit. We conclude that in 1915-16 the size of the landing was not very different from the present one, giving further evidence of the small changes suffered by the cliff during the last century. We add that one has to agree with Tokarski's suggestion about the excessive off-hand manner with which Kipshize made the hypothesis on the existence of three exterior rooms (**c** and **d** on the map), of which no sure trace is left, while one finds the remains of a collapsed room in point **a**.*

*Figure 2.9 reports some meaningful sections of the hypogea. Three rooms (**b**,**d** and 17) present a pyramidal covering on whose top a short duct opens in direct communication with the exterior (Fig. 2.10). The different volumes of these coverings is very likely related to the different distance from the external surface, and to the desire of making the rooms as high as possible. A greater height gives a larger air reservoir and lesser effects by environmental pollution. The air replacement was secured through the terminal duct, likely able to eliminate also the smoke from the fires lighted on the inside. In room 17, for example, there is a hearth formed by stones inside the floor.*

These pyramidal coverings are found in many hypogea

sola, in grado di fornire indicazioni sugli orientamenti. Ne fanno fede, ad esempio, la mancata percezione e registrazione della corretta pianta degli ambienti **b** e **d**, e la loro erronea orientazione relativa all'ubicazione del vano **f1**.

Nelle condizioni di rilevamento indicate si ha in genere un naturale tendenza a regolarizzare le piante degli ambienti, e una corrispondente grande difficoltà nel valutare i corretti orientamenti. Nel corso delle successive indagini troveremo numerose e talora anche eclatanti conferme a tali limiti di affidabilità. La parte aggiunta da Tokarski appare invece più accurata, registrando abbastanza fedelmente l'orientamento del vano **g** rispetto alla camera **b** e la leggera variazione di orientamento sulla parete tra **o** e **l**.

Va peraltro subito detto che tale evidenze poco o nulla tolgono all'apprezzamento dovuto all'enorme lavoro compiuto da Kipshize, raggiungendo e visitando quasi un migliaio di ambienti e riportandone, sia pur con i citati limiti, le varie configurazioni.

Va anche detto che nel caso degli insediamenti sotterranei una precisa pianta topografica assume importanza solo in quanto consente di porre in luce, come avviene nel caso in esame, i limiti di progettualità e di esecuzione nello scavo degli ambienti medesimi. I precisi allineamenti nella pianta di Kipshize potrebbero infatti suggerire un'opera che seguiva rigidamente preordinati schemi progettuali. La pianta reale mostra invece una topologia più flessibile e variegata, fornendoci quindi un informazione più com-

Fig. 2.10.a) Cupola costruita con il sistema detto *hazaraschen*, cioè 'delle mille travi', in un antico edificio in muratura di Erzurum.
Dome built by the hazaraschen *system, i.e. 'the thousand beams', in an ancient masonry building of Erzurum.*

pleta sull'origine e sullo lo sviluppo degli insediamenti medesimi.

Nella pianta russa la linea tratteggiata lungo il bordo della falesia rappresenta una revisione del bordo stesso segnalata dal collega di Kipshize, cioè N.M. Tokarski, dopo le ultime ispezioni del 1916. L'andamento del bordo fornito da Kipshize è in effetti ragionevolmente corretto ma le dimensioni del ripiano sono esagerate se raffrontate all'unica dimensione (6 m) riportata in pianta. La linea segnata da Tokarski non può invece rappresentare un limite della falesia ed è da ritenersi che segnali solo la necessità di arretrare il limite disegnato.

Ne concludiamo che nel 1915-16 le dimensioni del terrazzino non dovevano differire sensibilmente da quelle odierne, ad ulteriore evidenza della trascurabile evoluzione della falesia nel corso dell'ultimo secolo. Aggiungiamo che si deve concordare col suggerimento di Tokarski riguardante l'eccessiva disinvoltura con cui Kipshize ha ritenuto di ipotizzare l'esistenza delle camere esterne (c ed e nella mappa) delle quali in realtà non resta alcuna probante traccia, mentre in effetti restano i relitti di un vano crollato nel punto a.

La figura 2.9 riporta alcune significative sezioni degli ipogei. Tre ambienti (b, d e 17) presentano una copertura piramidale sulla cui sommità si apre un breve condotto in diretta comunicazione con l'esterno (Fig. 2.10). La differente volumetria di tali coperture è con ogni probabilità da porre in relazione alla diversa distanza dalla superficie esterna, unita all'intenzione di rendere gli ambienti quanto più alti possibile. A maggiore altezza corrisponde infatti una maggior riserva di aria e minori effetti dell'inquinamento ambientale. Il ricambio di aria veniva inoltre assicurato dal condotto terminale, in grado probabilmente anche di smaltire i fumi di fuochi accesi all'interno dei vani. Nella sala 17, ad esempio, vi è un focolare formato da un riquadro di pietre interrato nel suolo.

Fig. 2.10.b) Nicchie nel punto 22 del grande vano nel settore D/3 dell'ipogeo Tsagkotsazor .

Niches in the point 22 inside the wide room of sector D/3 of the hypogeum Tsagkotsazor.

in Ani and have strong similarities with the traditional Armenian architecture of farmer houses. Alpago (1988) describes the Armenian dwellings in the following terms:

'..The constructions are one-storied, often partially dug in the ground (remember the continental climate of the plateau) and are formed by one or more rooms, generally located around a large main ambient, often with four central wood supports and coverings made of beams one over the other; they form...a sort of frame with a behaviour like an intertwined polygonal, that progressively raises up closing at the centre, left open toward the sky, as the only source of light and air, and at the same time as outlet for the smoke from the hearth, located inside the earth floor (t'onir). This structure, called hazarashen... in Armenian...is anyway rather common in the whole sub-Caucasian area, and is found as far as Yemen..., Afghanistan, India; it has meaningful assonances with stone coverings of similar making, in tombs of Hellenistic age in Anatolia'.

Vice versa, such pyramidal structure is nowhere to be found in the underground structures in Cappadocia. Since, as it will be discussed later, the epochs of building of the hypogea are surely largely overlapping, one could conclude that we are facing different and independent digging traditions. In any case, it is be noted that the hypogea in Cappadocia are mainly intended as defensive works, as proved by the diffuse presence of the barrages 'millstone doors' (cfr. Bixio et al 2002), not found anywhere in Ani. On the other hand, no defensive value could be attributed to structures with openings directly communicating with the exterior.

It is difficult to suggest the use of the various rooms, given that many structures are no more in existence (due to collapse), others are filled up by debris, and we have no indications from archaeological excavations. It is likely that they were intended as dwellings completed by store houses. For example, f1 could have been a service room related to the disappeared hall f, and the rooms 19 and 20 could have had a similar function in relation to hall 17. This latter large room could be considered as a refectory for a large community, perhaps a monastic one. This suggestion comes mainly from the fact that the northern part of the hypogeum (hall g-h) was surely used for cult purposes.

One enters the hall from ambient b through a low passage partially closed by debris (point b1), but originally there was a direct access to the exterior, still partially open (point 5). From room b one enters a small room (g): on the left there few shelves dug in the rock, in front two niches have been dug, one of which (point 4) gets light from the exterior through a small circular window (diameter about 40 cm), while the other (g1) leads to the back ambient. On the right, in point g2, there is the opening to the main ambient h, which appears as divided in two parts by the

Fig. 2.11) L'ambiente di culto nel vano più settentrionale (vano **h**) dell'ipogeo Tsagkotsazor D/1.

*The worship site inside the northest room (**h**) of the hypogeum Tsagkotsazor D/1.*

Tale tipologia piramidale appare comune a molti ipogei di Ani e trova forti analogie nell'architettura tradizionale armena delle abitazioni contadine. Alpago (1988) descrivendo le abitazioni armene riferisce:

'...Le costruzioni sono ad un piano, spesso parzialmente interrate (si ricordi il clima continentale dell'altopiano) e comprendono uno o più locali, in genere facenti corona ad un ampio ambiente principale, con spesso quattro sostegni centrali lignei e coperture in travi disposte una sull'altra, formanti [...] una sorta di incastellatura ad andamento poligonale intrecciato, che progressivamente si innalza chiudendosi verso il centro, lasciato aperto verso il cielo, come unica fonte di luce ed aria e contemporaneamente sfogo per il fumo del focolare, interrato nel pavimento di terra battuta (*t'onir*).

Questa struttura detta a *hazarashen*...in armeno...è peraltro abbastanza diffusa in tutta l'area sub-caucasica, spingendosi fin nello Yemen...nell'Afghanistan, in India e trovando significative assonanze in coperture di analoga fattura, realizzate in pietra, in tombe di età ellenistica in Anatolia'.

Viceversa, tale struttura piramidale risulta del tutto sconosciuta negli ambienti sotterranei della Cappadocia. Poiché, come verrà discusso più avanti, le epoche di produzione degli ipogei sono certo largamente sovrapponibili, se ne potrebbe trarre la conclusione di diverse ed indipendenti tradizioni di scavo.

È peraltro da notare come in Cappadocia gli ipogei rivestano manifestamente una predominante valenza difensiva, testimoniata in particolare dalla diffusa presenza di sbarramenti costituiti da 'porte macina' (cfr. Bixio et al., 2002) di cui ad Ani non si ha alcun riscontro, valenza che d'altra parte mal si concilierebbe con la presenza di aperture sommitali non protette, in stretta contiguità con la superficie esterna.

*three rock pillars (points **k**, **k1**, **k2**), two of which are only roughly outlined on the rocky wall.*

*The larger part of the hall, on the left of the pillars, has almost completely collapsed and its original shape cannot be reconstructed. The right section, defined in particular by pillars **k** and **k2**, appears to have been prepared for liturgical office. On wall **m** some rough pilaster strips are dug, which end with curious circular capitals (Fig. 2.11). From these, some ornamental ribs run along the sloping ceiling, at present partially collapsed. At the end of the ambient (point **l**) an ogival niche has been obtained, a sort of small apse above a rocky step, inside which - high up - one finds another small semicircular cavity.*

The intended cult purpose, which appears evident, suggested to indicate the whole ambient as 'church' on the plan. However, let's note that this portion appears extremely small, sufficient for two or three persons. So it seems to have been a very small chapel devoted perhaps to the meditation and prayers of single persons. Nevertheless, we cannot exclude that the extensive collapses, that prevent a clear understanding of what is left of the larger ambient, actually hide the main nave. This hypothesis is suggested by small clues, such as the series of shelves dug in the rock on the left of point 5 and the ribs on the ceiling; at present these are seen only in the side chapel due to the collapses, but they could have been present in the whole room, as supposed by Tokarski.

*In this scenario, the side chapel, from whose floor covered by a thick deposit of debris stand out the remains of cross-banks dug in the live rock, could have been a burial area (point **m**). Perhaps Tokarski refers to these partitions when he writes about not well identified structures made at different moments (see his second note, at the chapter beginning).*

2.3 The hypogea Gaylezor A/1 and A/2

They are two hypogea located on the right side of the secondary valley of Gaylezor (Mirmir deresi), on the eastern side of the plateau. The valley, apparently permanently dry, joins the Ahurian (Arpa cay) valley. They are mentioned separately by Kipshize (1972). They are two contiguous rooms communicating through a very short passage, so that they could be considered as one structure, together with the remains of the next room A/3. Kipshize devotes them few lines.

In fact, they appear as very limited underground structures not worth of much attention, if our investigations had not suggested a possible connection with the complex hypogeum Gedan Gyalmas (see later).

They are dug in a modest rocky outcrop on the grassy slope, at a height intermediate between the valley bottom and the plateau rim, where some remains of the walls are still present, not far from Aryuz postern. They are largely

Difficile è indicare a quale uso erano esattamente destinate le varie camere, considerando che diversi vani mancano all'appello (crollati), altri sono ingombri da notevoli masse di detriti, e che non ci sono risultanze derivanti da scavi archeologici. Presumibilmente si tratta di locali abitativi integrati da depositi. Ad esempio, **f1** potrebbe essere stato un vano di servizio collegato alla scomparsa sala **f**, come lo sono i vani 19 e 20 nei confronti della sala 17. Si potrebbe anche considerare la possibilità che quest'ultimo grande vano fosse un refettorio per una più ampia comunità, forse a carattere monastico. La congettura nasce soprattutto dal fatto che la parte più settentrionale dell'ipogeo (sala **g-h**) fu certamente adibita a funzioni di culto.

Alla sala **g-h** si accede dall'ambiente **b** attraverso un basso passaggio, oggi in gran parte occluso da detriti (punto **b1**), ma originalmente esisteva una accesso in diretta comunicazione con l'esterno, ancora parzialmente percorribile (punto 5).

Dal vano **b** si entra in una piccola stanza **g**: sulla sinistra vi sono alcune mensole ricavate nella roccia, di fronte sono state scavate due nicchie, una delle quali (punto 4) prende luce dall'esterno attraverso una finestrella circolare (diametro circa 40 cm), mentre l'altra (**g1**) è in comunicazione con il vano retrostante. Sulla destra, nel punto **g2**, si apre l'accesso all'ambiente principale **h** che appare come separato in due parti da tre pilastri di roccia (punti **k, k1, k2**) di cui due solo rozzamente abbozzati sulla parete rocciosa.

La porzione più larga della sala, a sinistra dei pilastri, è ampiamente collassata e poco leggibile nella sua originaria conformazione. La parte a destra, delimitata in particolare dai pilastri **k** e **k2**, sembra più propriamente approntata per manifestazioni liturgiche. Sulla parete **m** sono scolpite delle lesene molto elementari che terminano su curiosi capitelli circolari (Fig. 2.11) dai quali partono dei costoloni ornamentali che corrono lungo il soffitto a spiovente, oggi in parte crollato. All'estremità del vano (punto **l**) è stata ricavata una nicchia ogivale, una sorta di piccola abside, al di sopra di un gradone roccioso, all'interno della quale è visibile, in alto, un ulteriore piccolo incavo semicircolare.

La destinazione di culto, che appare evidente, ha suggerito di indicare nel rilievo come 'chiesa' l'intero ambiente. É peraltro da notare come questa porzione appaia estremamente ristretta, in grado di ospitare non più di due o tre persone. Sembrerebbe al più di trattarsi di una piccolissima cappella destinata forse al raccoglimento ed alle orazioni di singoli individui.

Tuttavia non è da escludersi che gli estesi crolli che rendono poco leggibile il resto dell'ambiente, in realtà dissimulino la navata principale. Tale ipotesi è suggerita da piccoli indizi, quali la serie di mensole incise nella roccia sulla sinistra del punto 5 e la costolatura del soffitto che oggi appare limitata alla cappella laterale a causa dei distacchi della roccia ma che, in origine, poteva estendersi a tutta la sala, come supposto da Tokarski.

Fig. 2.11c) Il vano A2. A sinstra il tunnel di raccordo con A1. Sul fondo le due nicchie in cui è visibile un manufatto di pietra scura. *The room A2. On the left the tunnel connecting A1. On the bottom two niches where a hand-worked dark stone is visible.*

collapsed so that at present they can be identified by a crater and two large arched mouths.

The hypogeum A/1 was in origin the larger one and probably it had an entrance on the slope, at a lower height, or it could be entered only through the hypogeum A/2 to which it is still connected by a short passage. Nowadays it appears as the mouth of a crater due to the partial collapse of the vault. From here one goes down into a simple rectangular room. On the right one finds the passage to hypogeum A/2. On the back wall another tunnel opens, almost immediately blocked by debris that prevents the passage. This tunnel appears particularly interesting because its morphology (shape and size) and its direction suggest to put it in relation with the cross-tunnel of the quoted whole Gedan Gyalmas (in turn filled up by the same kind of debris), from which it is about 90 m far, with a difference of level of 9.5 m. We think possible that we are dealing with the same tunnel. Let's note that the blind tunnel of Gedan, as the crow flies, is even closer (40 m) and at the same height.

The hypogeum A/2 consists of a wide rectangular hall, mostly under the open sky due to the collapse of a large part of the vault. Also here there should have been in origin a horizontal entrance on the slope, at a lower height. What is left of the ceiling appears dug in a pyramidal shape, at whose top a circular hole opens, likely a smoke pipe. On the left side there is the short passage to A/1, mentioned above. On the back wall of this one room two smaller structures have been dug, separated by a rocky screen. On the whole, (pyramidal ceiling and adjacent rooms) the structure is similar to the larger room of the hypogeum Tsagkotsasor D/2 discussed in 2.2.

On the left room another, smaller niche has been dug. In the right room one finds a massive monolith of black rock (either basalt or lava), with the shape of a large, thick rectangular slab; the rims are well finished and it

Fig. 2.11.a) Ingressi dei vani A/1 e A/2 nel settore Gaylezor.
Entrances of rooms A/1 and A/2 in Gaylezor sector.

In questo scenario, la cappella laterale, dal cui pavimento ricoperto da uno spesso deposito di detriti emergono i resti di banchine trasversali scavate nella roccia viva, potrebbe essere stata destinata ad area di sepoltura (punto m). Forse Tokarski si riferisce proprio a questi divisori quando scrive di non ben identificate strutture realizzate in tempi diversi (vedi la sua seconda citazione, all'inizio del capitolo).

2.3 Gli ipogei Gaylezor A/1 E A/2

Sono due ipogei ubicati in orografica destra della valle secondaria del Gaylezor (Mirmir deresi), sul lato orientale del tavolato. La valle, all'apparenza permanentemente asciutta, confluisce nella valle dell'Ahurian (Arpa çay). Sono elencati separatamente da Kipshize (1972). Si tratta di due vani adiacenti e comunicanti attraverso un brevissimo corridoio così che potrebbero essere considerati come unica struttura, assieme ai resti dell'attiguo vano A/3. Kipshize gli dedica poche righe.

In effetti si tratta di strutture ipogee molto limitate a cui non avremmo prestato attenzione se, dalle indagini, non fossero sorti sospetti che tali ipogei potessero avere a che fare con il più articolato ipogeo di Ghedan Ghyalmas (vedi cap. successivo). Sono scavati in un modesto affioramento di roccia sul pendio erboso, ad altezza intermedia tra il fondo valle e il bordo del tavolato ove si notano i resti del perimetro murario, non distanti dalla posterla di Aryuz. Sono in gran parte collassati per cui sono oggi individuabili da uno sprofondamento e da due grandi bocche a forma di arco.

L'ipogeo A/1 era in origine più ampio e probabilmente aveva un ingresso sul pendio, a quota più bassa, oppure era accessibile soltanto attraverso l'ipogeo A/2 a cui è tuttora collegato con un breve cunicolo. Oggi si presenta come la bocca di una cratere dovuto al crollo parziale della volta. Da qui si scende in una semplice camera rettangolare. A destra si apre il cunicolo di raccordo con l'ipogeo A/2. Sulla parete di fondo si diparte un altro cunicolo, quasi subito interrotto da un riempimento di detriti che ne impedisce il passaggio.

is blocked into its present position by a stone wedge. At first sight it looks like an altar, but it could also be part of an ancient grinding device. In fact, the presence of mills is recorded in this area. Kevorkian (2001) quotes the architect Toros Toramanian (1912), who discussing the 'système d'irrigation couvert' writes:

> *'L'alimentation en eau était assurée par les sources du mont Alaça et la rivière d'Horomos...qui suffisaient à irriguer tout le plateau d'Ani et meme à faire fonctionner plusieurs moulins situés dans le vallon dit de Glijor (ndr: Gaylezor)'.*

2.4 The site Tsagkotsazor O

Further investigations have been devoted to the site Tsagkotsazor O, the last sector on the right bank of the valley bearing the same name. Such a choice was suggested both by its special location and by the presence of a noticeable structure, the 'pigeon-house', which deserved particular attention. As shown in Fig. 2.6, the rooms open at the top of a steep grassy slope and develop along the cliff, on superimposed levels, connected on the exterior by narrow paths and sometimes by stairs cut in the rock. Natural degradation has notably worn away these structures, making the access to many rooms very difficult.

Figure 2.12 reports the plan of hypogeum O/4, compared with the corresponding topography by Kipshize. Again we face clearly the limits, already mentioned, of the topography performed in 1915, here made worse by a surely wrong representation of the passage between points 9 and 13 of present map, corresponding to tunnel e in the old map. As

Fig. 2.11.b) Schizzo dei vani in Gaylezor A (grafica R. Bixio, 2004).
Sketch of rooms in Gaylezor A (drawing R. Bixio, 2004).

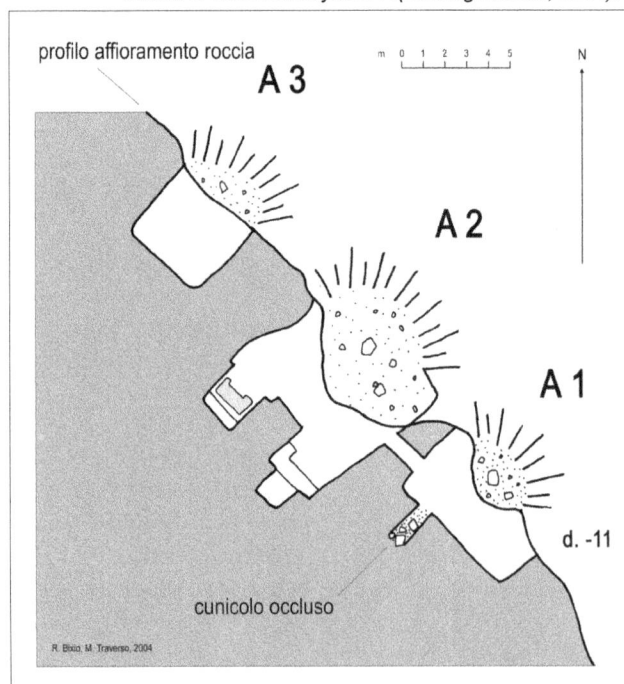

Questo cunicolo risulta di particolare interesse perché la morfologia (forma e dimensioni) e la direzione sembrano essere correlabili con il cunicolo trasversale del citato complesso Ghedan Ghyalmas (a sua volta occluso dal medesimo tipo di detriti), da cui dista circa 90 metri, con un dislivello di 9,5 metri. Riteniamo possibile che si tratti del medesimo cunicolo. Si noti che l'altro condotto del Ghedan (cunicolo cieco), in linea d'aria, è ancora più vicino (40 metri) e alla stessa quota.

L'ipogeo A/2 è costituito da una grande sala rettangolare, in gran parte a cielo aperto a causa del crollo di un'ampia porzione della volta. Anche qui doveva esistere in origine un ingresso orizzontale che si apriva sul pendio, a quota inferiore. La parte residuale del soffitto appare scavato a forma di piramide al cui vertice si apre un foro rotondo che doveva servire da canna fumaria. Sul lato sinistro si apre il breve tunnel di raccordo con A/1, sopra indicato. Sulla parete di fondo di quest'unica camera sono stati scavati due vani più piccoli, separati da un diaframma di roccia. Nell'insieme (tetto a piramide a vani paralleli) la struttura è simile a quella della camera più grande dell'ipogeo Tsagkotsasor D/1 discusso al punto precedente.

Nel vano di sinistra è stata scavata una ulteriore nicchia, più piccola. Il vano di destra conserva un massiccio monolite di roccia nera (basalto o lava?), a forma di spesso lastrone rettangolare, con bordi lavorati, bloccato nella posizione attuale da un cuneo di pietra. La prima impressione è quella che si tratti di un altare, ma potrebbe anche essere la parte di un dispositivo per una antica attività molitoria ricordata nell'area. Kevorkian (2001) cita infatti l'architetto Toros Toramanian (1912), il quale discutendo il 'système d'irrigation couvert' scrive :

> 'L'alimentation en eau était assurée par les sources du mont Alaça et la rivière d'Horomos...qui suffisaient à irriguer tout le plateau d'Ani et meme à faire fonctionner plusieurs moulins situés dans le vallon dit de Glijor (n.d.r. Gaylezor)'.

2.4 Il sito Tsagkotsazor O

Ulteriori indagini sono state dedicate al sito Tsagkotsazor O, ultimo settore sulla riva destra dell'omonima valle. La scelta è stata suggerita sia da tale sua particolare collocazione, sia dalla segnalata presenza di una struttura notevole, la piccionaia, che meritava particolare attenzione.

Come mostrato nelle successive Fig. 2.12.a e 2.12.b, gli ambienti si aprono alla sommità di una ripida erta erbosa e si sviluppano lungo la parete della falesia, in piani sovrapposti collegati esternamente da stretti sentieri e talora da scalinate intagliate nella roccia. Il degrado naturale ha peraltro eroso sensibilmente tali strutture, rendendo l'accesso a molti locali estremamente difficoltoso.

La Fig. 2.12 riporta la pianta dell'ipogeo O/4, posta ancora a confronto con la corrispondente topografia di Kipshize.

can be seen from the lay-out of the original notes on the old map, Kipshize's map has been rotated by 90°, in order to obtain a configuration not too different from the present one oriented to the north, allowing an easier comparison. We are so confirmed in our opinion that the plans obtained in 1915 do not have any precise geographic orientation.

In the notes by Kipshize we find:

> 'From here, following the staircase **x** (1.55 m high) whose steps are almost destroyed, it is possible to reach the second floor, whose pavement (1.2 m thick) forms the ceiling of the lower floor. Here we find a whole of 5 rooms, put in communication by doors and passages. From the staircase one goes into a small room **a** with doors **b** and **c**, and a small staircase **f1**, that leads into one of these rooms through a short passage as high as a person. From **a** one goes into **b**, of irregular shape with a flat ceiling and niches, rough as the whole room. On the flat wall there is a small window'.

We note that the situation of these staircases appears at present noticeably deteriorated, and few traces of them, of no use, are left. Kipshize goes on:

Fig. 2.12 bis) Tsagkotsagor O/4. Corridoio in origine dotato di una porta, probabilmente di legno, ormai scomparsa.

Tsagkotsagor O/4. Corridor originally equipped with a door, likely wodden, by now desappeared.

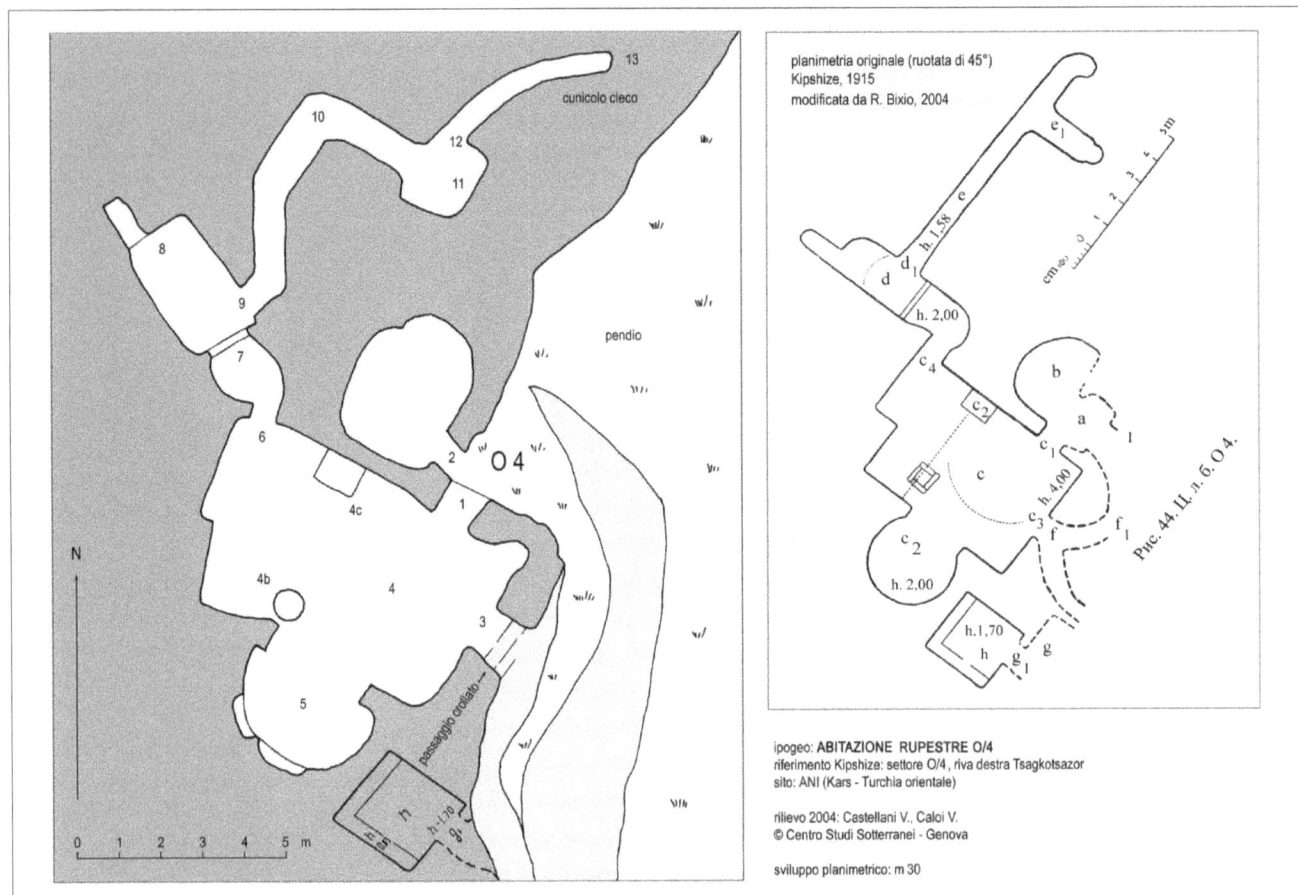

Fig. 2.12) Pianta dell'ipogeo Tsagkotsazor O/4 posta a confronto con l'analoga mappa realizzata da Kipshize (grafica R. Bixio, 2004)
Plan of the underground structure Tsagkotsagor O/4 compared with the analogous map by Kipshize (drawing R. Bixio, 2004).

Si ripresentano con evidenza i già discussi limiti della topografia del 1915, qui aggravati da una rappresentazione indiscutibilmente erronea del condotto che si sviluppa tra i punti 9 e 13 della pianta moderna, corrispondente al cunicolo e della vecchia mappa.

Come ricavabile dalla giacitura delle scritte originali, la pianta di Kipshize è stata ruotata di 45° per raggiungere una configurazione non troppo dissimile da quella moderna orientata al Nord e consentire così un più agile confronto. Se ne trae peraltro la conferma che le piante del 1915 non fanno riferimento ad alcun preciso orientamento geografico.

Gli appunti di Kipshize recitano:

'Da qui, seguendo la scala x con gradini quasi cancellati, alta 1.55, si può arrivare al secondo piano, il cui pavimento fa da soffitto a quello inferiore, spesso 1.20. Qui si trova un complesso di 5 stanze, unite tra loro da porte e passaggi. Dalla scala si finisce in un piccolo slargo a con porte b e c e scaletta f1, che porta in una di queste stanze attraverso un corto passaggio alto quanto una persona. Da a si va a b di forma irregolare con soffitto piatto, nicchie, rozze come tutta la stanza. Nella parete piatta c'è una finestrella'.

'Coming back to room a, on the right c1 goes into the largest room c (4.80mx4.60m, height about 4 m), originally square, vaulted ceiling, after enlarged to the right. The right wall has been dug for 1.72 m at the floor level, but with a flat ceiling. This difference in the coverings of the two parts is noted immediately. On the entrance c1 there are the remains of an opening for light. The walls and part of the ceiling have collapsed and the position of the hole is not clear. On the right of entrance c1 in the fore wall one finds a cubic protrusion c2, almost regular, that looks like a typical shelf as found in the small churches of this region. This fact, together with the vaulted ceiling, suggests that perhaps this was a church'.

(Note by Tokarski: there are no other clues, there is no apse, c2 is in a corner and not at the centre).

'On the back wall there is a wide passage that leads to an almost round room c3 (about 3.20mx3.20m2.0). In the right fore angle of a niche there is a cavity c4 (0.8mx1.45mx0.7m) that leads to a long and narrow room with a vaulted ceiling (about 5.6mx1.6mx2m). After about two metres in c4 there is a small staircase composed by two steps half a metre high. Beyond, on the right wall the entrance d1 leads to the underground passage

Fig. 2.12.a) L'insediamento rupestre nel settore Tsagkotsazor O distribuito su più livelli di uno sperone roccioso.
The rocky settlement in the sectorTsagkotsagor O scattered on more levels inside a rocky spur.

Notiamo che la situazione di tali scale appare oggi notevolmente degradata, restandone scarse tracce non percorribili. Prosegue Kipshize:

'Tornando allo slargo **a**, a destra parte **c1** che dà nella più grande delle stanze, **c** (4.80x4.60x4.00 circa di altezza), originariamente quadrata, soffitto a volta, dopo allargata a destra. La parete a destra è stata scavata per 1.72 m allo stesso livello del pavimento, però con soffitto piatto.

Questa differenza nella copertura delle due metà si nota immediatamente. Sull'ingresso **c1** ci sono i resti di una presa di luce. Le pareti e parti del soffitto sono crollate e la posizione del buco non è chiara. A destra dell'apertura **c1** nella parete anteriore è rimasta una sporgenza cubica quasi regolare **c2**, che sembra un ripiano tipico delle chiesette di questa zona, circostanza che fa pensare che sia stata una chiesa, anche per il soffitto a volta'.

(Nota di Tokarski: non ci sono altri indizi, non c'è l'abside, **c2** è in un angolo e non centrale).

'Nella parete posteriore c'è un passaggio ampio che dà in una stanza quasi tonda **c3** (3.20x3.20x2.0 circa). Nell'angolo anteriore destro in una nicchia c'é una cavità **c4** (0.8x1.45x0.7) che porta in una

*perpendicular to the longitudinal wall of room **d**. The passage is narrow (0.7m), at the beginning 1.58 (?)m high, but soon it lowers, so that it is necessary to proceed on all fours. At 6.80 m from the beginning a branch **e1** begins on the right with a length of 2.65 m. The passage goes on for 3.40 m along the original direction, then it bends slightly on the right and ends on a blind wall. There is a lot of debris; many niches with wax. Back in **c**, through door **c5** one exits on a passage **f** with a few steps. Proceeding to the left, one finds room **a**. On the right, what is left of an old small square towards the exit of passage **f**, and if you succeed in advancing further, you arrive to the floor of a small collapsed room **g**, and after this to the small square room **h**, with protrusions, perhaps a tomb'.*

*Actually, the area around 'door **c5**' (point 3 in present plan) is highly deteriorated. In particular, it is impossible to climb the staircase, of which few remains very worn away are left, that led to the upper floor. The description by Kipshize is mostly correct, with the quoted exception of the rooms inside point 9 in present plan. Perhaps because of a wrong interpretation of incomplete notes, the deviations of the tunnel that begins at that point are ignored, and the small room 11 is interpreted as a side lane on the right. Finally, we note that Kipshize draws in the largest room*

Fig. 2.12.b) Il settore Tsagkotsazor O. Le frecce indicano la collocazione degli ipogei O/4 e O/13 descritti in dettaglio nel testo.
The Tsagkotsazor O sector. Arrows indicate the location of caves O/4 and O/13, described in detail in the text.

stanza lunga e stretta con soffitto a volta (5.6x1.6x2 m circa). Dopo circa due metri in **c4** c'è una scaletta di due gradini di mezzo metro. Oltre nella parete destra con ingresso **d1** comincia il passaggio sotterraneo e diretto perpendicolarmente alla parete longitudinale della stanza **d**. Il passaggio è stretto 0.7 m, all'inizio alto 1.58 (?), ma presto si abbassa, tanto che bisogna andare carponi. A 6.80 m dall'inizio parte un ramo a destra **e1** lungo 2.65 m. Dopo il passaggio continua per 3.40 m nella direzione originale e poi si appoggia un po' a destra e finisce con una parete cieca.

C'è molto materiale; molte nicchie con cera. Tornati in **c**, attraverso la porta **c5** si esce in un corridoio **f** con alcuni gradini. Se continuate a sinistra, lo slargo **a**. A destra su quel che resta di una vecchia piazzetta presso l'uscita del corridoio **f** e se riuscite ad andare oltre, arrivate sul pavimento della piccola stanza crollata **g** e dopo di questa nella piccola camera quadrata **h**, con sporgenze, forse una tomba'.

Effettivamente l'area attorno alla porta **c5** (punto 3 del rilievo moderno) è molto degradata. In particolare, risulta impercorribile la scala, di cui rimangono scarsi resti molto erosi, che conduceva al piano soprastante.

La descrizione di Kipshize è in larga parte corretta, con

(without quoting it) a structure on the floor, which looks like a sort of hearth formed by stones arranged with a square shape. We have found only a hole of circular shape (point 4b).

2.5 The pigeon-house

A rather difficult excursion along the cliff walls, on the left of hypogeum O/4, allowed us to reach the interesting underground structure shaped as a double bell, pointed out to us as the 'pigeon-house', and indicated by Kipshize as hypogeum Tsagkotsazor O/13a. The difficulty of reaching it is not mentioned in 1915-16, suggesting that the outer cliff wall has suffered in the meantime a not negligible degradation, likely because of weathering. Figure 2.13 reports the hypogeum plan in the text by Kipshize, as presented by Tokarski, while Fig. 2.14 shows a photographic image of the whole of the pigeon-house, obtained by adding partial exposures, thanks to modern digital techniques. The comparison between the two figures puts in evidence how in this case the old plan turns out highly reliable, since it records even small details, as the relative dimensions of the cells and the differences one can observe, in the upper dome, among the locations of the cells themselves.

This evidence gives us a clear clue to the understanding of the hypogeum story. In fact, we note that the niche

Fig. 2.12.c) Corridoio sotterraneo in Tsagkotsazor O/13.
Underground corridor in Tsagkotsazor O/13.

Fig. 2.12.d) 'T'onir' scavato nella roccia in Tsagkotsazor O/13.
'T'onir' dug in the rock inside Tsagkotsazor O/13.

la già citata eccezione degli ambienti interni al punto 9 del rilievo moderno. Forse per cattiva interpretazione di appunti incompleti, vengono prima ignorate le deviazioni del cunicolo che parte da tale punto, e la stanzetta 11 viene interpretata come un diverticolo sulla destra. Notiamo infine che Kipshize disegna nell'ambiente maggiore (ma non cita) una struttura sul pavimento che pare una sorta di focolare formata da pietre poste a quadrato. Noi vi abbiamo solo trovato uno scavo a forma circolare (punto 4b). Un forno scavato nella roccia del pavimento (*t'onir*) di forma quadrata è sicuramente stato individuato nella struttura rupestre adiacente O/13.

2.5 La piccionaia

Una impegnativa escursione lungo le pareti della falesia, sulla sinistra dell'ipogeo O/4, ha infine consentito di raggiungere la notevole struttura ipogea a forma di doppia campana segnalata come 'piccionaia', marcata da Kipshize come ipogeo Tsagkotsazor O/13a. La difficoltà di accesso, non segnalata nel 1915-16, mostra come la parete esterna della roccia abbia subito in questo lasso di tempo un non trascurabile degrado, probabilmente a causa degli agenti atmosferici.

La Fig. 2.13 riporta il rilievo rielaborato dell'ipogeo presentato nel testo di Kipshize, realizzato da Tokarski, mentre le Fig. 2.14 e 2.15 mostrano le immagini fotografiche del complesso della piccionaia, ottenute addizionando pose

rows end at about one metre from the present base of the pigeon-house: an expedient likely suggested by the fact that the lower part (baseboard) was naturally intended for piling and collecting the guano, and was not intended to shelter nests. At the same time, at the base of the upper dome, the first three rows do not follow the precise design of the overhanging rows. It is very likely a later addition, obtained digging new cells in the wall at the base of the dome, originally without cells. So we can conclude that the lower dome represents an enlargement of an original pigeon-house limited to the upper dome. Not surprisingly, in the band forming the baseboard of the upper dome one finds an entrance by now useless, and replaced by the final entrance at the base of the enlarged structure.

The photographic image gives an impressive evidence of the unexpected complexity and accuracy of this piece of work, that appears in sharp contrast with the rough simplicity of some hypogea at the same site. Such contrast could perhaps be solved by observing, for example, that the central ambient of hypogeum O/4 with its wide size and the very high, vaulted ceiling (beyond 4 m) could very well have been made by the same hand that has made the pigeon-house; afterwards, it has been upset by a successive, rough use, of which there is ample evidence. Also the large and regular pyramidal vaults already described in Tsagkotsazor D/1 show a skill in planning and carrying out a piece of work very different from what can be found in many other rough structures and tunnels. Therefore, we

31

parziali grazie alle moderne tecniche digitali. Il confronto tra le tre figure evidenzia in questo caso l'estrema affidabilità dell'antico rilievo, che giunge a registrare particolari anche minori, come le dimensioni relative delle celle e le differenze riscontrabili nella cupola superiore (1) tra la disposizione delle celle stesse.

Tale evidenza fornisce una chiara chiave di lettura per la storia dell'ipogeo. Si può notare infatti che i filari delle nicchie terminano a circa 1 metro dalla base attuale della piccionaia: un accorgimento probabilmente dettato dal fatto che la parte inferiore (zoccolo) era naturalmente destinata all'accumulo e alla raccolta del guano e non doveva accogliere nidi.

Nel contempo, alla base della cupola superiore i primi tre filari non seguono il preciso disegno dei filari sovrastanti. Si tratta con ogni evidenza di una aggiunta posteriore, ottenuta ricavando nuove celle in quella che in origine era una parete priva di nicchie alla base di tale cupola. Se ne trae l'evidenza che la cupola inferiore (2) rappresenta un ampliamento di una originale piccionaia limitata alla cupola superiore (1). Non sorprendentemente, nella fascia che costituiva lo zoccolo della cupola superiore è collocato un ingresso (a) ormai inutilizzabile e sostituito dall'ingresso definitivo alla base della struttura ampliata (c).

L'immagine fotografica rende peraltro una straordinaria testimonianza della inattesa complessità e accuratezza dell'opera, che appare in stridente contrasto con la rustica semplicità di taluni ambienti ipogei nello stesso sito. Tale contrasto può essere forse sanato osservando ad esempio che l'ambiente centrale dell'ipogeo O/4 con le sue ampie dimensioni e l'altissimo soffitto a volta (oltre 4 m) potrebbe benissimo essere stato prodotto dalla stessa mano che ha realizzato la piccionaia, per essere successivamente sconvolto da un rozzo riutilizzo di cui si hanno numerose evidenze.

Anche le grandi e regolari volte piramidali già descritte in Tsagkotsazor D/1 testimoniano progettualità e tecniche esecutive ben diverse da quelle riscontrabili in tanti altri rozzi ambienti e condotti.

Avanziamo quindi quella che ci sembra la fondata ipotesi che gli insediamenti ipogei come oggi si presentano siano il risultato di due successive e distinte fasi: una prima, all'atto della realizzazione, caratterizzata da notevoli capacità progettuali e tecniche di esecuzione, con ambienti vasti e architettura armonica, seguita da una fase che ha visto il riutilizzo degli stessi ambienti da parte di utenti con bisogni e stile di vita molto più elementari.

Al riguardo è qui utile ricordare che il già citato viaggiatore italiano Luigi Villari nel 1905 ebbe a scrivere a proposito degli occupanti trovati ancora negli insediamenti:

'I entered two or three, and certainly I have never seen more primitive dwelling-places anywhere.

make the hypothesis, which looks well founded to us, that the underground dwellings as they appear at present are the result of two successive and distinct phases: a first one in which the hypogea have been made, characterized by noticeable capabilities in planning and carrying out, with wide structures and a harmonious architecture, followed by a phase in which the same structures have been used again by people with much more primitive needs and life style.

In this respect it is useful to report what the already mentioned Italian traveller Luigi Villari wrote in 1905, about the inhabitants of the rocky settlements:

'I entered two or three, and certainly I have never seen more primitive dwelling-places anywhere. There was no overcrowding, as each family had

Fig. 2/13) Elaborazione di Roberto Bixio (2004) del rilievo di Tokarski (1916) della piccionaia rupestre ubicata nel settore Tsagkotsazor O/13a.

Elaboration by Roberto Bixio (2004) of the Tokarski drawing (1916) of the rocky pigeon-loft localized in the sector Tsagkotsazor O/13a.

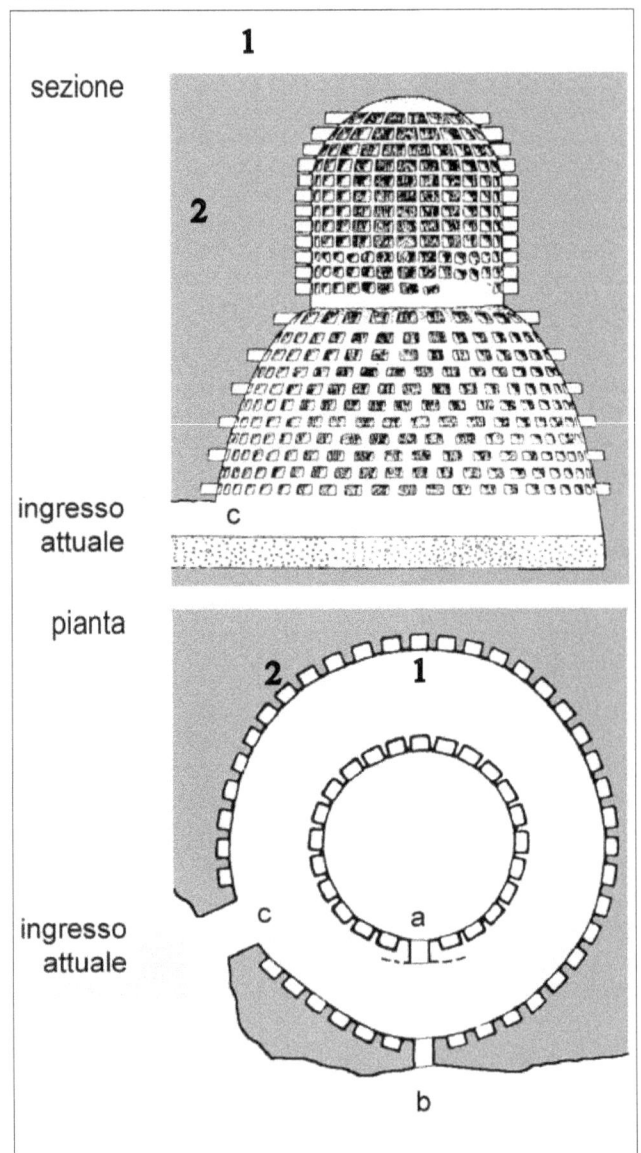

There was no overcrowding, as each family had two or three "rooms" at its disposal; but there was no furniture save couches made by cutting into the tufa, a few rags, and some cooking utensils. The dirt, the poverty, and barbarism were incredible. These Troglodytes were both Armenians and Tartars; I have seldom met with more wretched specimens of either race'.

Pare veramente difficile associare una tale popolazione con i costruttori di mirabili ipogei quale la piccionaia.

Dal testo di Kipshize si ricava l'esistenza nell'area di 16 piccionaie[3], distribuite quasi uniformemente in tutti i settori delle gole del Tsagkotsazor, Igazor, Bagnayr, ma non tutte a forma di campana. Nell'introduzione Tokarski si meraviglia di trovare ad Ani piccionaie ipogee, a differen-

two or three 'rooms' at its disposal; but there was no furniture save couches made by cutting into the tufa, a few rags, and some cooking utensils. The dirt, the poverty, and barbarism were incredible. These troglodytes were both Armenians and Tartars; I have seldom met with more wretched specimens of either race'.

It appears very difficult to associate such people with the makers of wonderful hypogea such as the pigeon-house.

From Kipshize's text we learn that sixteens pigeon-houses[3] existed in the area, scattered almost uniformly in all the sectors of the gorges of the rivers Tsagkotsazor, Igazor, Bagnayr, but not all of them are bell-shaped. In his introduction Tokarski is surprised at finding underground pigeon-houses in the site of Ani, in contrast with the

Fig. 2.14) Piccionaia di Tsagkotsazor O/13a. In alto, al centro, si notano i resti della porta originale. In basso, a destra, l'ingresso attuale.
Pigeon-loft in Tsagkotsazor O/13a. Up, in the middle, we can note the remains of the original door. Below, on the right, the present entrance.

Fig. 2.15) Si nota chiaramente la primitiva cupola superiore (1) e quella inferiore (2), scavata in un secondo tempo, nonchè la fascia (zoccolo) lasciato libero da nicchie.
It is evident the original higher dome (1) and the lower one (2) digged successively, and the band (socle), as well, clear from niches.

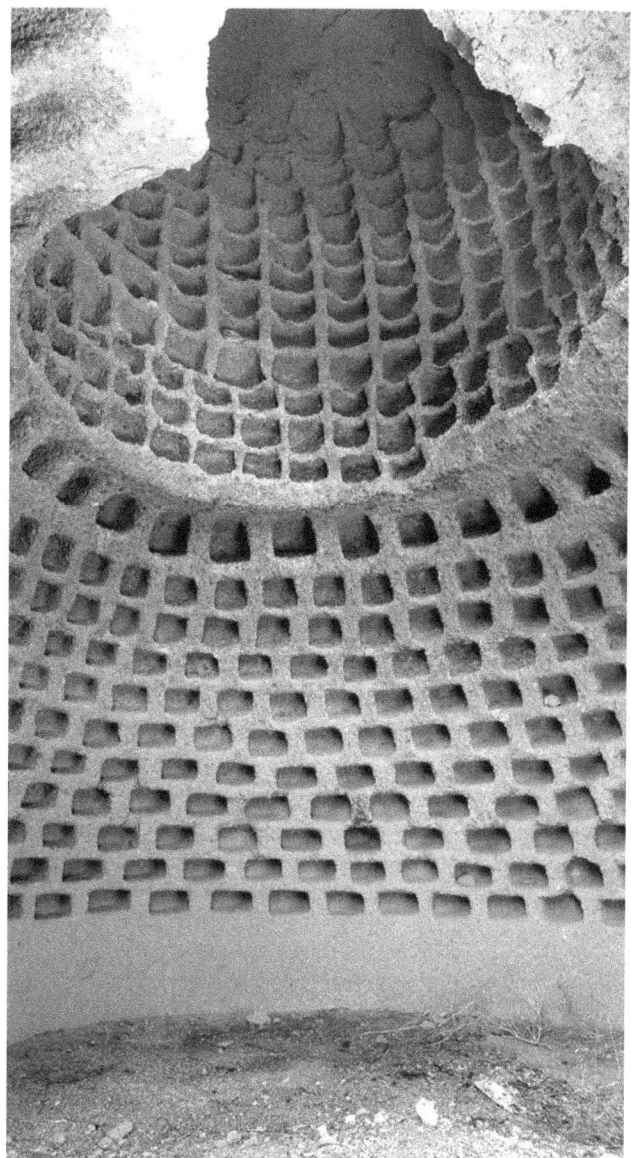

za delle piccionaie erette già da tempi antichissimi in Grecia, Egitto o Persia.

Noi possiamo qui notare che piccionaie scavate nelle rupi sono diffusissime in tutta la Cappadocia, fornendo così un forse non inatteso collegamento tra gli insediamenti sotterranei nell'area dell'Altopiano Centrale anatolico e questi, collocati nell'estremo lembo orientale della Turchia.

[1] In letteratura i toponimi hanno sovente leggere difformità dovute a differenti criteri di traslitterazione dell'alfabeto armeno o russo, ovvero riportano diversa denominazione quando ribattezzati con nomi turchi.

[2] Lo Tsagkotsazor è denominato Bostan deresi (ruscello degli Orti) nel tratto a monte dell'affluente Bagnayr, e Alaçay (fiume Rosso) nel tratto a valle. A volte si ritrova anche le denominazione 'fiumicello di Ani'.

[3] In occasione di ulteriori indagini sarà opportuno controllare se qualcuna di tali piccionaie non sia in realtà un apiario. I 'muri delle api' in Marocco, Spagna e Francia possono infatti assomigliare a piccionaie. Nell'area vi è ancor oggi una forte tradizione apicola, e in Cappadocia sono stati rinvenuti antichi apiari rupestri (Bixio *et al.* 2002).

pigeon-houses built in very ancient times in Greece, Egypt and Persia.

We can note that pigeon-houses dug in cliffs are very common in all Cappadocia, a fact that provides a not too surprising connection among the underground settlements in Central Anatolic Plateau and those located in this extreme eastern strip of Turkey.

[1] *In literature the place-names show often slight differences due to the different criteria of transliteration of the Armenian and Russian alphabets, while sometimes the new Turkish names are given.*

[2] *Tsagkotsazor is called 'Bostan deresi' (Orchard brook) upstream the tributary Bagnayr, and 'Alacay' (Red river) downstream. Sometimes one finds the name 'Ani brooklet'.*

[3] *If further investigations will be possible, it would be useful to check whether some of these pigeon-houses'are actually apiaries. In fact, the 'walls of the bees' in Morocco, Spain and France can look like pigeon-houses. In the area there is still a strong tradition in bee-keeping, and old rocky apiaries have been found in Cappadocia (Bixio et al. 2002).*

Fig. 2.16) Il vano centrale dell'insediamento rupestre O/4, nella valle dello Tsagkotsazor.
The central room of the rocky site O/4, in the Tsagkotsagor valley.

3. LE CAVITÀ URBANE

Con il termine 'cavità urbane' intendiamo riferirci a tutti quegli ipogei che interessano il sottosuolo della città murata di Ani e che si distinguono dai già descritti insediamenti rupestri (capitolo 2) non solo per la collocazione ma anche per le evidenti ben diverse tipologie e destinazioni d'uso. Il sottosuolo urbano ospita infatti alcune strutture sotterranee, ma nessuna assimilabile agli insediamenti rurali sparsi lungo le pendici dei canyon circostanti. A tale conclusione siamo giunti dopo aver accuratamente verificato le numerose, ma sovente infruttuose segnalazioni raccolte dalla viva voce degli abitanti locali e dei militari che presidiano la zona.

Da tali ispezioni si è tratta anche l'evidenza che ben poco vi è da aggiungere alla lista degli ipogei compilata diligentemente da Kipshize, la cui relazione continuerà dunque ad esserci di guida nella descrizione delle strutture sotterranee e nella valutazione delle nuove risultanze acquisite nel corso della nostra missione.

Oltre che in Kipshize, alcuni degli ipogei indagati erano già apparsi, con diversa designazione, nella 'Guida di Ani' pubblicata da Orbeli nel 1910, designazione ripresa da Kevorkian e Kamsarakan nella mappa dei siti di interesse archeologico di Ani. Entrambe le numerazioni sono riportate nella Fig. 2.1 - capitolo 2.

3. CITY CAVITIES

With the term 'city cavities' we refer to all those hypogea that are located in the subsoil of the walled city of Ani and which differ from the rocky settlements described before (see Chapter 2) not only for the location but also for the evidently different typologies and purposes. In fact, the city subsoil shelters a few underground structures, but none similar to the rural settlements scattered along the slopes of the surrounding canyons. We reached this conclusion after having carefully checked the numerous but often fruitless suggestions gathered directly from the voice of local residents and from the soldiers who garrison the region.

These inspections have also convinced us that there is very little to add to the list of hypogea diligently compiled by Kipshize, whose report will therefore continue to guide us in the description of the underground structures and in the evaluation of the new knowledge acquired in the course of our mission.

Besides in Kipshize's work, some of the hypogea we investigated had already appeared, with different designations, in the 'Guide to Ani' published by Orbeli in 1910, designations repeated by Kevorkian and Kamsarakan in the map of the sites of archaeological interest of Ani. Both numberings are shown in Fig. 2.1 - Chapter 2.

TABELLA **3.1**						**ANI** - CAMPAGNA **2004**
ELENCO STRUTTURE SOTTERRANEE INDAGATE - *LIST OF SURVEYED UNDERGROUND STRUCTURES*						

UBICAZIONE *LOCATION*	RIVA BANK	**KIPSHIZE**	ORBELI	DENOMINAZIONE *DENOMINATION*	TIPOLOGIA OPERE *WORKS TYPOLOGIES*	CODICE *CODEX*
Ahurian	dx	F/26	87	"Gedan Gyalmas" o "Ghedan Ghyalmas"	Militari: camminamento	D.2
Gaylezor	dx	A/1– A/2		Ipogei Gaylezor A/1-A/2	Insediative civili: opifici (?)	B.3
Tsagkotsazor	sx	B/28	104a	"Ani sotterranea" o Cava	Estrattive: miniera	E.3
Tsagkotsazor	sx	D/1		Ipogeo Tsagkotsazor D/1 o Monastero rupestre	Culto: monastero	C.1
Tsagkotsazor	sx	D/18	14a	"Porte Segrete" o Tunnel degli Orti	Transito: cunicolo transito	F.2
Tsagkotsazor	sx	E/11	11	Chiesa rupestre	Culto: chiesa	C.1
Tsagkotsazor	dx	O/4		Ipogeo Tsagkotsazor O/4	Insediative civili: abitazione	B.1
Tsagkotsazor	dx	O/13a		Piccionaia	Insediative civili: colombaro	B.7
non in Kipshize:		sigla				
Steppa extra muros		Ca		Qanat (tracce di canalizzazioni)	Idrauliche: captazione	
Tavolato intra muros		Ci		Cisterna (o silo)	Idrauliche: cisterne	A.4
Tavolato intra muros		PB	69-69a	Passaggio al Gran Bagno	Transito: cunicolo transito	F.2

Per opportuno riferimento e documentazione riportiamo dunque in tabella 3.1 la lista completa delle strutture sotterranee che sono state oggetto delle presenti indagini, segnalando, nell'ordine, gli estremi dell'ubicazione, la sigla di riferimento adottata in questa relazione (coincidente con quella di Kipshize, quando esistente) e il numero assegnato nella designazione di Orbeli, seguiti dalla denominazione, dalla tipologia e dalla relativa codifica nel Catasto Cavità Artificiali della Società Speleologica Italiana.

Qui di seguito verranno presentati e discussi i risultati delle indagini sugli ipogei che si sono rivelati più rappresentativi.

3.1 Ahurian F/26: il tunnel *Ghedan Ghyalmas*

Kipshize riporta la denominazione (forse armena) 'Ghedan Ghyalmas', la cui traduzione dovrebbe corrispondere a '*a chi entra non è dato uscire*'. A fronte di quanto descriveremo nel seguito, tale appellativo sembra esprimere qualcosa di più che un generico timore popolare dell'ignoto, trovando piuttosto fondamento nella serie di accorgimenti difensivi atti a impedire effettivamente il ritorno all'esterno a estranei che vi si fossero introdotti non invitati. É dunque possibile che l'origine del nome sia molto antica, forse coeva alla escavazione stessa dell'ipogeo.

Si tratta di un insieme di strutture sotterranee costituite principalmente da un lungo passaggio, direzionato Est-Ovest, il cui ingresso si apre immediatamente sotto i resti del muro longitudinale nell'angolo della posterla di Aryuz. Tokarski annota a p. 151 del testo di Kipshize:

'Purtroppo nelle carte di Kipshize non è rimasta nota su questo complesso, che così è rimasto misterioso. Sono rimasti dei foglietti con schizzi che è difficile raccordare l'uno con l'altro. Gli schizzi riguardano il passaggio e la grande sala, cui è dedicata mezza pagina. Nella pianta schematica del passaggio la lunghezza, le curve e le direzioni dei vari tratti sono state ottenute graficamente da uno schizzo senza misure. Nello schizzo attrae l'attenzione una nota che dice: "per una lunghezza di fettuccia" che determina la distanza tra la curva 7 e la curva 11 secondo una retta, e questo attraverso un massiccio roccioso! come è possibile?'.

La Fig. 3.2 riporta tale pianta schematica posta a confronto con la presente topografia[1]. Con riferimento a quest'ultima notiamo che l'ingresso rettangolare del tunnel, di circa 1x1.2 m, si apre nella falesia sottostante la chiesa di S. Grigor di Tigran Honents, all'estremità orientale della cinta urbana (vedi Fig. 3.8).

Dopo alcuni metri dall'ingresso una breve diramazione sulla destra del cunicolo superiore (punto 2 del rilievo) conduce ad un pozzo di pochi metri che scende sulla volta di un vasto ambiente (camera) dal quale si diparte un ulteriore condotto (cunicolo inferiore).

Therefore, as convenient reference and documentation, we report in Table 3.1 the complete list of the underground structures investigated in present study, reporting, in order, the location, the letters of reference adopted in this report (coinciding with those in Kipshize when available), the number assigned by Orbeli, followed by the designation, the type and related encoding according to the Cadastre of Artificial Cavities kept by the Italian Spelaeological Society.

Below we shall present and discuss the results of the investigations of the hypogea that appeared to be the most interesting.

3.1 Ahurian F/26: the tunnel Ghedan Ghyalmas

Kipshize quotes the denomination (perhaps Armenian) 'Ghedan Ghyalmas', whose translation would correspond to 'who enters is not allowed to go out'. Considering what we shall describe in the following, this appellation seems to express something more than a generic popular fear of the unknown In fact, it appears to us to be founded on the numerous defensive devices intended to prevent the return outside of those strangers who entered uninvited. It is therefore possible that the origin of the name is very ancient, perhaps coeval with the excavation itself of the tunnel.

The tunnel consists of a series of underground structures, the most important of which is a long passage, east-west oriented, whose entrance opens directly below the remains of the longitudinal wall at the corner of the postern of Aryuz. Tokarski writes at page 151, in Kipshize's text:

'Unfortunately in Kipshize's documents we find no indication about this structure, so that it has remained enigmatic. Some slips of paper with sketches are left, difficult to put together. The drafts concern the passage and the great hall, to which half a page is devoted. In the schematic plan of the passage the length, the curves and the directions of the various sections were obtained graphically from a sketch without measurements. In the sketch, a note calls for attention, stating: "for the length of a tape", that determines the distance between curve 7 and curve 11 according to a straight line, and this means across a massive rock! How can this happen?'.

Figure 3.2 shows this schematic plan, compared with present topography[1]. With reference to the latter, we note that the rectangular entrance of the tunnel, about 1x1.2 m, opens in the cliff below the church of S. Grigor of Tigran Honents, on the eastern corner of the city walls (see Fig. 3.8).

After a few meters from the entrance, a short branch on the right side of the upper tunnel (point 2 in the plan) leads to a shaft of a few meters, which leads down on the ceiling of a wide room, from which another passage begins (lower tunnel).

La morfologia e la approssimativa esecuzione di questo breve tratto suggeriscono con forza di essere in presenza di un collegamento realizzato in tempi posteriori tra due sistemi ipogei originalmente indipendenti. Il condotto superiore prosegue infatti oltre il punto 2 con andamento pressoché rettilineo sino ad intercettare (punto 12: bivio) un condotto con andamento ad esso ortogonale (cunicolo trasversale).

La pianta schematica di Kipshize si riferisce evidentemente a questo condotto superiore, rappresentato con ragionevole correttezza sino al punto 6 del rilievo moderno, dopo il quale si manifestano nella pianta schematica pesanti sopravvalutazioni delle variazioni di direzione che porterebbero il condotto quasi a ritornare su se stesso.

The morphology and the approximate execution of this short stretch suggest strongly that we are dealing with a connection created later between the two underground systems, originally independent. As a matter of fact, the upper tunnel proceeds almost straight beyond point 2, until it intercepts another tunnel (point 12, junction) orthogonal to the first (transversal tunnel).

The schematic plan by Kipshize refers clearly to the upper tunnel, represented with reasonable accuracy until point 6 of present topographical survey, after which we note, in the original schematic plan, heavy overestimates of the changes in direction, such that would cause the tunnel to turn back almost to its original direction.

Fig. 3.2) Pianta del tunnel Ahurian F/26, denominato Ghedan Ghyalmas, collocata nel contesto della topografia di superficie. Nel riquadro in alto a destra la pianta di Kipshize (1915), ruotata di 90°. Evidente l'errore di orientamento (grafica R. Bixio, 2004).

Plan of the tunnel Ahurian F/26, named Ghedan Ghyalmas, located in the context of the surface topography. In the frame, right up, the plan by Kipshize (1915), 90° turned. Evident the orientation mistake (drawing R. Bixio, 2004).

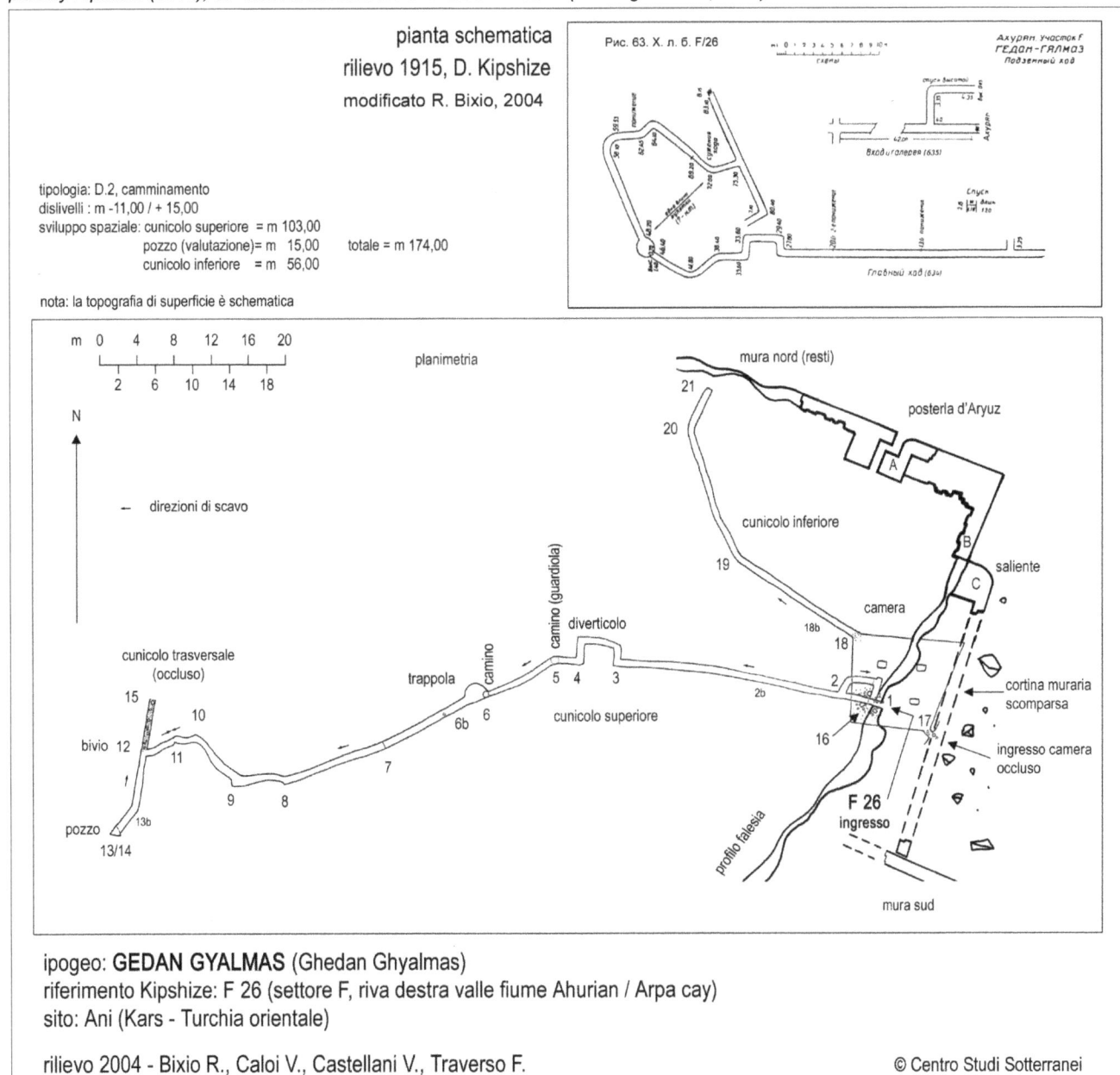

ipogeo: **GEDAN GYALMAS** (Ghedan Ghyalmas)
riferimento Kipshize: F 26 (settore F, riva destra valle fiume Ahurian / Arpa cay)
sito: Ani (Kars - Turchia orientale)

rilievo 2004 - Bixio R., Caloi V., Castellani V., Traverso F.

© Centro Studi Sotterranei

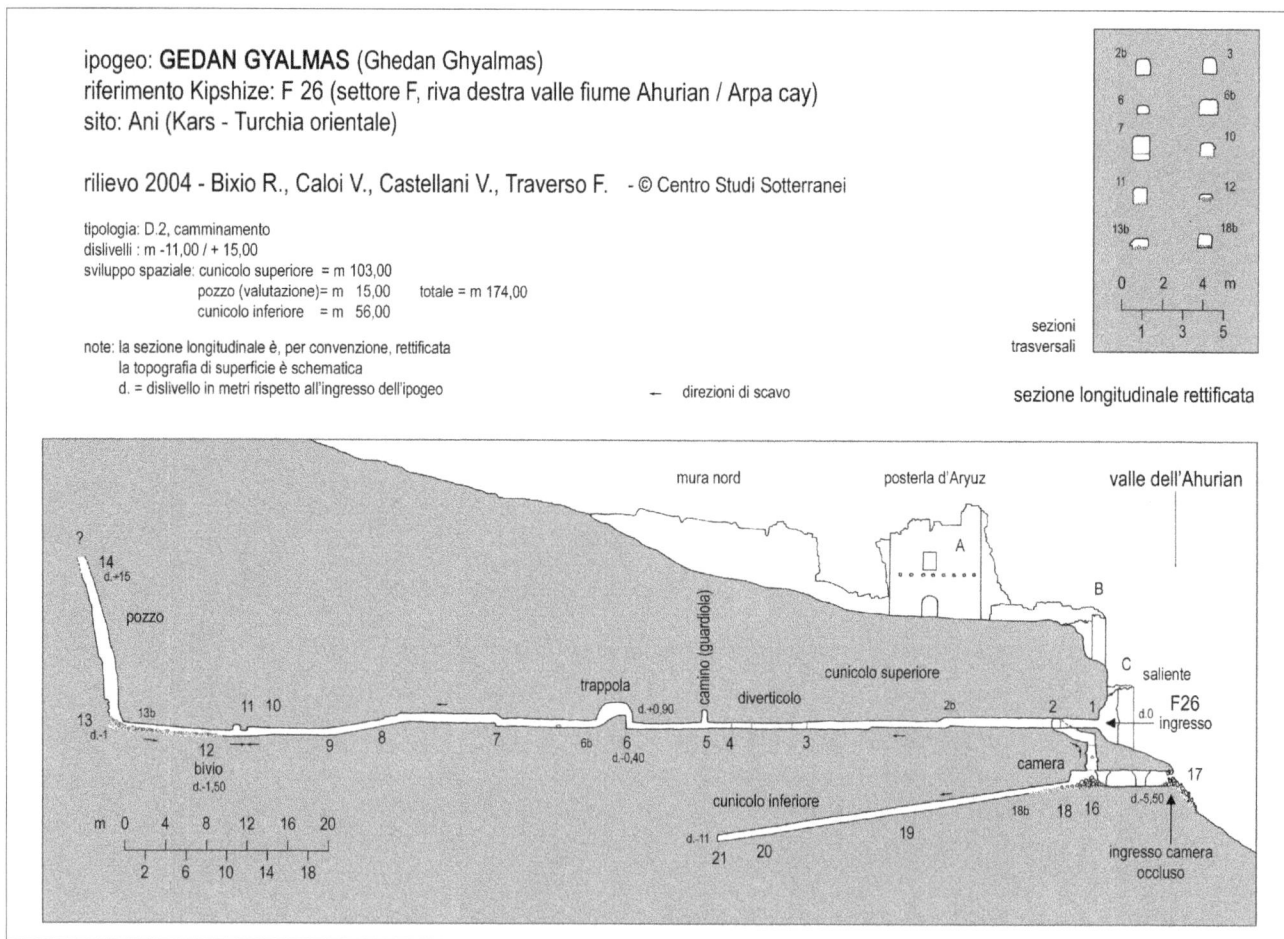

ipogeo: **GEDAN GYALMAS** (Ghedan Ghyalmas)
riferimento Kipshize: F 26 (settore F, riva destra valle fiume Ahurian / Arpa cay)
sito: Ani (Kars - Turchia orientale)

rilievo 2004 - Bixio R., Caloi V., Castellani V., Traverso F.   - © Centro Studi Sotterranei

tipologia: D.2, camminamento
dislivelli : m -11,00 / + 15,00
sviluppo spaziale: cunicolo superiore = m 103,00
                   pozzo (valutazione)= m 15,00   totale = m 174,00
                   cunicolo inferiore = m 56,00

note: la sezione longitudinale è, per convenzione, rettificata
      la topografia di superficie è schematica
      d. = dislivello in metri rispetto all'ingresso dell'ipogeo

— direzioni di scavo

sezioni trasversali

sezione longitudinale rettificata

Fig. 3.3) Sezioni trasversali e longitudinale del condotto Ahurian F/26 denominato Ghedan Ghyalmas (grafica R. Bixio, 2004).
Transversal and longitudinal sections of the tunnel Ahurian F/26, named Ghedan Ghyalmas (drowing R. Bixio, 2004).

La corretta registrazione dell'incontro con il cunicolo trasversale e la parziale mappatura di quest'ultimo mostrano peraltro che il condotto fu percorso e misurato sin quasi alla sua parte terminale.

Tale evidenza suscita una qualche sorpresa: buona parte del tratto terminale, a causa dei sedimenti, è infatti di dimensioni estremamente esigue, con altezze talora non superiori ai 30/40 cm, percorribile a fatica e con grande disagio con le tecniche attuali e solo da speleologi esperti e ben attrezzati. Né vi è motivo di ipotizzare sensibili variazioni delle condizioni del condotto nei circa novant'anni che intercorrono tra le due esplorazioni. Desta quindi meraviglia, e induce grande rispetto per il lavoro svolto da Kipshize, l'evidenza che il condotto fu percorso con abbigliamento e sistemi di illuminazione (candele?) certamente non adeguati.

Prendendo inizialmente in esame il solo cunicolo superiore, notiamo come l'erroneo andamento della pianta schematica conduca ad una enigmatica giacitura che ha finito col nascondere ai ricercatori russi la semplice evidenza che il condotto fu realizzato per collegare l'esterno con il cunicolo trasversale intercettato al punto 12.

Una tale ipotesi, suggerita dalla planimetria, è di fatto convalidata dall'esame dei segni di scavo lungo le pareti

The correct positioning of the intersection with the transversal tunnel and the partial mapping of the latter show, however, that the tunnel was covered and measured almost to its end.

This evidence raises some surprise: a great part of the final stretch has extremely small sizes owing to the sediments, with a height sometimes not more than 30/40 cm; the progression through it turns out very difficult and uncomfortable even with current techniques, and appears feasible only for experienced and well equipped cavers. Nor there is any reason to suspect variations in the conditions of the tunnel in the approximately ninety years between the two explorations. We are therefore surprised, and feel a great respect for the work done by Kipshize, since it appears that the tunnel was covered using clothes and lighting (candles?) certainly not adequate.

Taking initially in consideration only the upper gallery, we notice how the wrong behaviour of the schematic plan leads to an enigmatic result, that has in the end hidden to the Russian researchers the simple evidence that the passage had been made to connect the outside with the transversal tunnel intercepted at point 12.

This hypothesis, suggested by planimetry, is actually confirmed by the marks left by the digging on the walls (see

Fig. 3.4) Il tratto iniziale del tunnel Ahurian F/26. Sulla destra l'ingresso della diramazione che conduce al sistema inferiore. La freccia indica la netta separazione tra il banco di tufo in cui è scavato il tunnel e quello che costituisce la parete destra.

The first part of the tunnel Ahurian F/26. On the right there is the entrance of the branch that leads to the lower system. The arrow marks the sharp separation between the tufa bank in which the tunnel is dug and that one that makes the right wall.

(cfr. Fig. 3.2), segni che mostrano senza ambiguità che il condotto superiore fu scavato partendo dall'uscita (punto 1) verso l'interno, sino a raggiungere il punto 10, dopo aver corretto la direzione prima nel punto 8 e poi nel punto 9. Dal punto 10 e, sul fronte opposto, dal punto 12 del cunicolo trasversale, furono eseguiti ulteriori scavi, probabilmente in contemporanea, producendo infine la congiunzione nel punto 11.

Per completare lo scenario generale aggiungiamo che nel corso della presente esplorazione la disostruzione dei detriti che occludevano il condotto nel punto terminale 13 ha consentito di raggiungere la base di un pozzo che si innalza verso la superficie con andamento quasi, ma non perfettamente, verticale (vedi sezioni in Fig. 3.3). L'altezza è valutabile, per la porzione visibile dal basso, attorno ai 15 metri (Fig. 3.5 bis).

Il condotto superiore di cui stiamo trattando presenta una serie di rilevanti caratteristiche che meritano una dettagliata discussione. È innanzitutto da notare che nel tratto iniziale, sin dall'imbocco il tunnel segue la superficie verticale di una frattura con dislocazione degli strati di tufo. Il tunnel si inoltra in uno strato giallastro e relativamente tenero, mantenendo come parete destra la superficie del-

Fig. 3.2), marks that show without doubt that the upper tunnel was dug starting from the exit (point 1) toward the inside, until reaching point 10, after having corrected the direction, first at point 8 and then at point 9. From point 10, and on the opposite side from point 12 in the transverse tunnel, further excavations were carried out, probably at the same time, finally producing the junction at point 11.

To complete the scenario, we add that during the present exploration, the removal of the debris that clogged the tunnel at the terminal point 13, allowed us to reach the base of a shaft that rises toward the surface with a trend, nearly, but not perfectly, vertical (see the sections in Fig. 3.3). The height is estimated, for the part visible from below, to be about 15 meters (Fig. 3.5 bis).

The upper tunnel we are dealing with has a number of meaningful features that deserve a detailed discussion. First of all, we note that in the initial part, beginning from the entrance, the tunnel follows the surface of a vertical fracture with dislocation of the tuff layers. The tunnel proceeds in a yellowish and relatively soft layer, keeping as wall on the right the surface of the dislocation, which consists of a tuff perhaps slightly more reddish and compact. This feature is clearly seen in Fig. 3.4, which shows the stretch of the tunnel entrance and, on the right, the entrance to the branch that leads to the lower system. Another noticeable feature, worth further discussion, is that even in the absence of sedimentation, the original height of the tunnel does not exceed approximately 1.1 m, allowing the passage of human beings only proceeding on all fours.

The tunnel goes on following the fracture to forty meters until point 3. Here, with four successive right-angle deviations (Fig 3.4 bis), it makes a brief diversion perpendicular to the discontinuity, to return immediately parallel to it (point 4). This diversion is not justified by any change in the crossed rock, and then must find its

Fig. 3.4 bis) Il 'diverticolo' costituisce una sorta di cortina che interrompe la vista del proseguimento del condotto.

The 'diversion' is like a curtain stopping the view of the tunnel continuation.

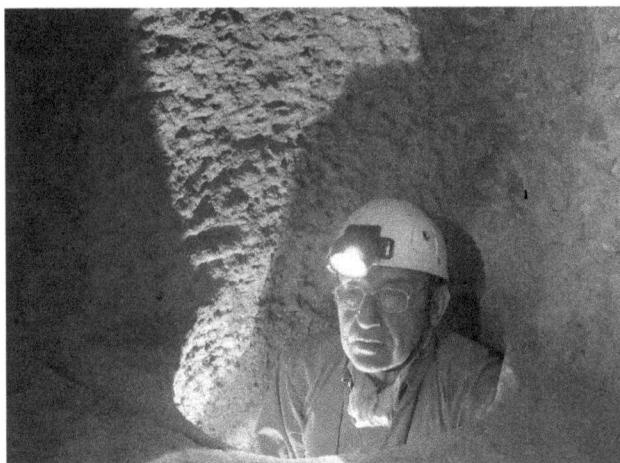

Fig. 3.5) Ahurian F/26: l'accesso che conduce dal condotto superiore nell'ambiente della 'trappola'.

Ahurian F/26: the entrance that leads from the upper tunnel to the room said 'the trap'.

la dislocazione cui corrisponde un tufo forse leggermente più rossastro e compatto. Tale caratteristica è chiaramente riscontrabile nella Fig. 3.4 che mostra il tratto di ingresso del tunnel e, sulla destra, l'ingresso della diramazione che porta al sistema inferiore. Altra particolarità da notare e che dovrà essere discussa, è che, anche in assenza di interramenti, l'altezza originaria del tunnel non supera circa 1.1 m, consentendo il passaggio di essere umani solo a patto di procedere carponi.

Il condotto prosegue seguendo la frattura per una quarantina di metri sino al punto 3. Qui, con quattro successive deviazioni ad angolo retto (Fig 3.4 bis), compie una breve escursione perpendicolarmente alla discontinuità, per tornare subito dopo ad essa parallelo (punto 4). Tale escursione non è giustificata da alcun cambiamento nelle caratteristiche delle rocce attraversate, e deve quindi trovare una propria motivazione nella prevista funzione del condotto. Perché mai abbandonare un'area più facile da scavare, lungo l'asse della frattura, per tornarvi pochissimi metri dopo?

Per inquadrare questo ultimo e rilevante problema, notiamo innanzitutto che molteplici evidenze portano ad escludere che il tunnel fosse destinato al trasporto di acque. Citiamo tra queste evidenze l'assenza di ogni traccia di scorrimento di acqua sul suolo o sulle pareti, il livello del suolo in contropendenza, che si abbassa progredendo verso l'interno, e l'esistenza stessa della brusca doppia deviazione di cui stiamo trattando che non troverebbe alcuna giustificazione in un condotto per il trasporto idrico.

Pare quindi inevitabile concludere che si è in presenza di un passaggio, per uomini e/o animali. Stupisce peraltro la scarsa altezza del condotto, che mal si adegua al transito di persone e che, a bene notare, ha comportato anche un aggravio di disagi nell'opera di scavo impedendo la posizione eretta degli addetti ai lavori. Torneremo su questo argomento alla luce delle ulteriori evidenze fornite dal condotto.

motivation in the intended role of the passage. Why leave an area easier to dig along the axis of the fracture to return to it just after very few meters?

To set this last and important issue in the right frame, first of all we note that many evidence lead to exclude that the tunnel was intended to carry water. Among these we cite, first, the lack of any trace of water flow on the soil or on the walls; second, the ground level has the wrong slope, since it goes down progressing inwards; third, the presence itself of the sharp double deviation we are dealing with would find no justification in a conduit for transporting water.

So it seems unavoidable to conclude that this is a passage for men and / or animals. Also surprising is the low height of the tunnel, which is not fit for the transit of people; besides, the low height has implied an increased inconvenience during the excavation, since the workers were prevented from standing. We shall come back to this issue in the light of further evidence provided by the structure of the tunnel.

After what we shall indicate as the 'deviation 3-4' ('diverticolo' in the map), the tunnel goes on for a short stretch along the border of the fracture until point 5. Here on the vault of the tunnel a short, blind, ascending chimney opens: a cylindrical cavity of about 60 cm in diameter,

Fig. 3.5 bis) Il pozzo si innalza quasi verticale verso la superficie del tavolato. A sinistra si intravede il residuo di una pedarola, non sufficiente però a effettuare la risalita.

The shaft rises almost vertical towards the surface of the table-land. On the left the remain of a step is perceived, but not enough to try a climb.

Fig. 3.5 ter) Un accumulo di detriti alla base del pozzo ostruiva completamente il condotto prima del nostro intervento.

A heap of debris in the shaft bottom obstructed completely the tunnel before our intervention.

Dopo quello che indicheremo come il 'diverticolo' 3-4, il condotto prosegue mantenendosi per breve tratto lungo il confine della frattura sino al punto 5. Qui sulla volta del condotto si apre un breve camino ascendente cieco: una cavità cilindrica di circa 60 cm di diametro che raggiunge dal suolo un'altezza di circa 1.90 m, tale cioè da ospitare un uomo in posizione eretta. Da qui il condotto svolta leggermente sulla sinistra, abbandonando la frattura sino a raggiungere nel punto 6 ancora una volta la base di un camino del tutto analoga a quella del punto 5. Questa volta la cavità però sbocca in un piccolo ambiente, una camera semicircolare il cui suolo in forte pendenza riguadagna prontamente la quota originale del condotto (cfr. Fig. 3.3). Tutto questo sistema appare ricavato in un banco di tufo omogeneo, talché nuovamente si deve concludere che esso rappresenti una deliberata caratteristica progettuale.

L'unica spiegazione percorribile, che getti luce sulle funzioni dell'intero sistema, é che la camera costituisca un dispositivo di protezione da possibili indesiderati visitatori provenienti dall'esterno. Come mostrato in Fig. 3.5, un tale eventuale visitatore, arrivando carponi alla base del camino, sarebbe emerso nella camera completamente vulnerabile e a portata della facili reazioni dei difensori (vedi anche fig. 4.5 nel capitolo successivo). Tale evidenza ci induce a definire nel seguito tale struttura come 'trappola', in quanto di una trappola per uomini effettivamente si tratta, per molti versi assimilabile alle analoghe, ma non identiche, strutture osservate negli studi condotti sugli insediamenti sotterranei della Cappadocia (Bixio et al. 2002).

In questo scenario trovano una possibile funzione anche le precedenti strutture. Il diverticolo 3-4 poteva servire con la sua sola presenza a dissuadere l'avanzata di eventuali intrusi, ma poteva anche simultaneamente avere la funzione di chiudere la luce del condotto, costituendo una sorta di cortina di roccia che impediva il contatto visivo tra l'intruso e i difensori (cfr. Fig. 3.4 bis). Una persona appostata al termine interno del diverticolo poteva infatti percepire dall'inevitabile rumore l'avvicinarsi di intrusi senza essere

which reaches a height from the ground of about 1.90 m, such as to host a standing man. From here the tunnel turns slightly to the left, leaving the fracture until, at point 6, one finds the base of another chimney, quite similar to that at point 5. However, this time the cavity ends in a small space, a semicircular room whose steep floor promptly regains the original level of the tunnel (see Fig. 3.3). All this system has been dug in a homogeneous tuff-bank, so again we must conclude that it has been intentionally designed in this way.

The only reasonable explanation, that can shed light on the functions of the whole system, is that the room is a protective device from possible unwanted visitors from outside. As shown in Fig. 3.5, a visitor arriving on all fours at chimney base would have appeared in the room completely vulnerable and an easy prey of the defender reactions (see also Fig. 4.5 in the next chapter). This evidence leads us to call "trap" this structure in the following, since it appears clearly a trap for men; it is in many ways comparable to similar, but not identical, structures observed during our investigations on underground settlements in Cappadocia (Bixio et al. 2002).

In such a scenario, we may find a possible function also for the previous structures. The 'diverticolo' 3-4 could, by its only presence, deter the advance of possible intruders, but could , at the same time, have the function to block the light in the tunnel, creating a sort of rock curtain that prevented the visual contact between intruders and defenders (see Fig. 3.4 bis). In fact, a person positioned at the internal end of the 'diverticolo' could perceive the inevitable noise of the approaching intruders without being heard or seen. And perhaps the cavity at point 5 was foreseen as a guard-room ('guardiola'), i.e., as standing place of such a sentinel. However, the cavity could also represent the beginning of the work, then abandoned, for the construction of the trap, afterward completed more internally and in a more defiladed position. The option 'trap-guard room' seems more convincing, since it gives rise to a well co-ordinated and effective defence system.

In any case the evidence remains that the tunnel was designed to allow the exit from the town to one or few individuals, presumably in emergency conditions, at the same time preventing the entrance of intruders. In this context, also the small size of the tunnel appears as a possible defensive feature, forcing the transit on all fours in single file, without the possibility of using weapons.

Along the tunnel, immediately after the trap, a large squared stone lies. In this regard, already Kipshize, quoting the presence of a stone heap (which we have not seen), wondered whether it was an attempt made to wall up the entrance. This isolated stone could also have been the cover for the outlet of the ascending shaft in the trap room, in order to avoid, for example, the entry of animals.

The behaviour of the tunnel beyond the trap and until the intersection with the transverse tunnel (junction)

né vista né sentita. E forse la cavità al punto 5 era prevista proprio come 'guardiola', cioè posto di stazio-namento di una tale sentinella. La cavità potrebbe peraltro anche rappresentare l'inizio di lavori, poi abbandonati, per la produzione della trappola, realizzata in seguito più internamente ed in posizione più defilata. L'opzione 'trappola-guardiola' appare tuttavia più convincente, attuando un sistema di difesa coordinato ed efficiente.

Resta in ogni caso l'evidenza che il condotto fu ideato per consentire l'uscita dalla città di uno o pochi individui, presumibilmente in condizioni di emergenza, impedendo nel contempo l'ingresso di eventuali intrusi. In tale contesto anche l'esiguità del condotto appare come un possibile elemento di difesa, obbligando a transitare carponi, in fila indiana e senza la possibilità di brandeggiare armi.

Lungo il condotto, subito dopo la trappola giace una grossa pietra squadrata. A questo proposito già Kipshize, segnalando la presenza di un cumulo di tali pietre (che noi non abbiamo notato), si domandava se era stato fatto un tentativo per murare l'ingresso. Questo concio isolato potrebbe anche essere servito da copertura per lo sbocco del camino nella camera della trappola per evitare, ad esempio, l'ingresso di animali.

L'andamento del condotto oltre la trappola e sino all'intersezione col cunicolo trasversale (bivio) appare facilmente comprensibile: lo scavo fu continuato con andamento pressoché rettilineo sino a quando incominciarono ad essere percepibili rumori provenienti dal fronte di scavo opposto. L'incontro (punto 11) fu raggiunto con un andamento leggermente ondivago, come accade di norma in simili frangenti, e preceduto, ancora come di norma, da un innalzamento della volta per favorire l'incontro. Il cunicolo superiore, nel tratto compreso tra l'ingresso e il bivio (punti 1-12) appare così abbastanza chiaramente decifrabile.

Molto meno decifrabili sono funzioni e destinazioni del condotto trasversale (13-15). Con ogni evidenza tale condotto è cronologicamente precedente al tratto sinora descritto, e trae origine dalla base del pozzo (punto 13) scoperto nel corso di questa missione per inoltrarsi al di là del bivio (punto 12), in direzione Nord (punto 15). Per analogia si può supporre che questo primo cunicolo assolvesse anch'esso a funzioni di passaggio protetto, anche se non si può escludere di essere in presenza di un riutilizzo con variazione d'uso.

Il pozzo nella sua parte inferiore è stato scavato seguendo l'intersezione di due fratture verticali. La sezione che ne risulta è vagamente triangolare e leggermente inclinata. Sulle pareti del pozzo restano tracce di pedarole (fig. 3.5 bis) ma, sia perché consumate, sia perché non posizionate a distanza canonica (almeno quelle che si riescono ancora a individuare), non risulta possibile risalire il pozzo. Al più si riesce a raggiungere, con difficoltà, il primo terrazzino (primo dente nel disegno della sezione). O in origine esistevano più pedarole, oppure il pozzo veniva percorso

seems easy to understand: the excavation was continued along a nearly straight line until noise from the opposite side of excavation was heard . The meeting (point 11) was achieved proceeding in a slightly wavering way, as it usually happens in these cases, and it was preceded, again as usual, by a rise of the vault in order to facilitate the meeting. So, the upper gallery, in the section between the entry and the junction (points 1-12), can be clearly understood.

Much less clear are the intended purposes and functions of the transverse tunnel (points 13-15). It appears evident that this tunnel precedes the tract described so far; it originates from the base of the shaft (point 13) discovered during this mission and goes on beyond the junction (point 12), in the direction of the north (point 15). By analogy it can be assumed that this first tunnel was also intended as a protected passage, even if we cannot exclude a new utilization with a different purpose.

The lower part of the shaft has been dug following the intersection of two vertical fractures. So its section turns out roughly triangular and slightly inclined. On the shaft walls one finds traces of little foot-like steps ('pedarole') dug in the rock (Fig. 3.5 bis) but, either because they are used up, or because they are located at a canonical distance (at least those that can still be identified), it is not possible to climb the shaft. At most you can reach, with difficulty, the first balcony (first protrusion in the section plan of the shaft). Possibly, there were originally many more 'pedarole', or the shaft could be climbed thanks to removable ladders. This second option seems the most plausible, since it allowed to achieve a further passive defence of the walkway, having the possibility of withdrawing the stairs from above in case an enemy reached the shaft base. In this regard, note that another function of the deviation ('diverticolo' between points 3 and 4) might have been exactly that of preventing the transport of long stairs.

Fig. 3.6) Ahurian F/26. L'apertura nella volta che conduce nella sala nel sistema inferiore.
Ahurian F/26: the opening in the vault that leads to the hall in the lower system.

grazie a scale asportabili. Questa seconda ipotesi pare la più plausibile anche perché ciò permetteva di realizzare un'ulteriore difesa passiva del camminamento, potendo ritirare le scale medesime dall'alto in caso che un nemico riuscisse a raggiungere la base del pozzo. A tale proposito, si noti che un'ulteriore funzione del diverticolo (tra i punti 3 e 4) potrebbe proprio essere quella di impedire il trasporto di lunghe scale.

Il confronto con lo schizzo di Kipshize solleva peraltro alcuni problemi. Non stupisce che Kipshize non abbia visto il pozzo, raggiunto solo grazie ad un opera di rimozione dei detriti. Stupisce invece che segnali una curva al termine opposto del cunicolo trasversale laddove, al presente, la zona raggiungibile o esplorabile con l'ausilio dei fasci di luce elettrica non presenta alcuna curvatura (punto 15). Ne seguono due alternative possibilità: o Kipshize fu tratto in inganno anche a causa della scarsa illuminazione, ovvero nel corso dei decenni l'interramento di questo tratto è andato aumentando, il che implicherebbe la vicina presenza di un contatto con l'esterno, sia esso una discenderia o un altro pozzo.

Un indizio in favore di questa ultima ipotesi può essere ricavato proprio dalla stessa mappa di Kipshize in fig. 3.2: mentre il tratto al presente esplorato ed esplorabile non supera all'incirca i 4 metri di distanza dall'intersezione con il condotto proveniente dall'esterno, Kipshize segna la curva a oltre 5 metri e, dalle cifre riportate, pare che abbia misurato oltre la curva sino ad una distanza totale di 7.1 m.

Particolare di una certa rilevanza è che nello schizzo sia marcata l'occlusione che nascondeva il pozzo, mentre nulla di simile appare all'estremo opposto: forse il cunicolo continuava ma non era percorribile o, in ogni modo, non fu percorso?

Cunicolo inferiore

Passando all'ipogeo al livello inferiore, come mostrato nel rilievo di Fig. 3.2, esso inizia con una grande camera quadrilatera sulla cui volta sbuca il pozzetto con cui termina la breve diramazione del condotto superiore. Il dislivello totale è di 5.50 m. Al riguardo il testo di Kipshize riporta uno schizzo solo della sala, recitando:

'Nel complesso c'è una grande sala con soffitto piatto e 4 colonne al centro, parecchio riempita di detriti. Dalla parte della parete occidentale ci sono dei passaggi murati (?, nel testo). Le colonne hanno basi e capitelli, ma hanno perso le decorazioni. Due piloni hanno una piccola nicchia con tracce di olio'.

Nell'angolo SE comincia un passaggio con ingresso a arco e poi a sezione rettangolare, largo circa 0.53 metri, alto circa 0.70 m, lungo più di 32 m. Inizialmente va a SW per 15 m, poi dritto a W sino a 29 m, e successivamente a NW (?, nel testo) fino a 32 m. Alle pareti nicchie con olio'.

Fig. 3.7) Ahurian F/26: il cunicolo inferiore.
Fig. 3.7. Ahurian F/26: the lower tunnel.

Anyway, the comparison with the sketch by Kipshize raises some problems. No wonder that Kipshize has not seen the shaft, reached by us only by laboriously removing a lot of debris. We are instead surprised that he mentions a turn at the opposite end of the transverse tunnel where, at present, the zone that can be reached or explored with the help of electric light beams has no curvature (point 15). We have two possibilities: either Kipshize was deceived, also because of poor lighting, or in the course of decades, the amount of sediments in this stretch has been increasing, which would imply the proximity of a contact with the outside world, be it a inclined tunnel or another shaft.

A clue in favour of this latter hypothesis can be derived from Kipshize's own map in Fig. 3.2: while the stretch that can at present be explored, or that is visible, does not exceed approximately four meters from the intersection with the tunnel from outside, Kipshize marks the curve at more then five meters, and according to the reported figures, it seems that he has measured beyond the curve, up to a total distance of 7.1 meters. A particular of great importance is that in the sketch the occlusion that hid the shaft is indicated, while nothing similar appears at the opposite end: perhaps the tunnel went on but was not practicable or in any way, was not passed through?

Lower tunnel

Turning to the hypogeum on the lower level, as shown in the map in Fig. 3.2, we find that it begins with a large quadrilateral room, on whose vault the little shaft opens, with which the short branch of the upper tunnel ends. The total height difference is of 5.50 m. In this regard Kipshize's text shows only a sketch of the room, saying:

'In the complex there is a large room with a flat ceiling and four columns at the centre, filled by a lot of debris. On the side of the western wall there are walled passages (?, in the text). The columns have bases and capitals, but have lost decorations. Two pylons have a small niche with traces of oil'.

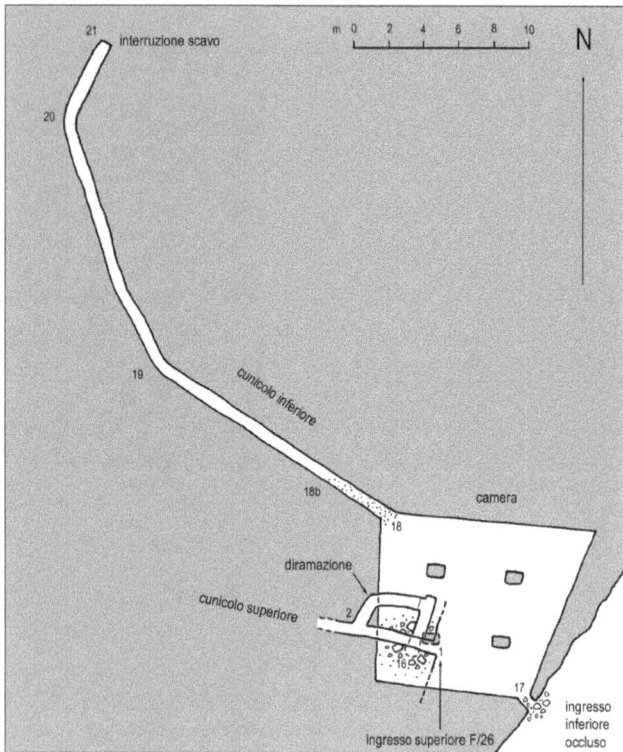

Fig. 3.7.a) Pianta della camera e del cunicolo inferiore di Ahurian F/26 (grafica R. Bixio, 2004).

Plan of the room and lower tunnel in Ahurian F/26 (drowing R. Bixio, 2004).

Dal contesto pare che, nello stendere gli appunti di Kipshize, Tokarski non si sia reso conto che la sala appartiene ad un livello inferiore. Il condotto che parte dalla sala inizia peraltro nell'angolo NW, anziché SE, il che sembrerebbe indicare un errore di 180° nella collocazione dei punti cardinali. Curiosamente la descrizione del condotto risulta invece ragionevolmente coerente con il tracciato rilevato (lunghezza totale 34 m) quando si assume una rotazione di soli 90° rispetto alla giacitura reale dei quattro punti cardinali. Per il resto confermiamo tutti gli altri particolari, riportando in Fig. 3.6 e 3.7 una immagine della sala e del condotto che da essa origina. Si può notare come qui i tufi si presentano in strati centimetrici orizzontali.

In the SE corner a passage begins with an arched entrance, then with a rectangular section, approximately 0.53 meters wide, about 0.70 meters high, long more than 32 meters. Initially it goes to SW for 15 m, then straight to W as long as 29 meters, and then to NW (?, in the text) as long as 32 m. In the wall there are niches with oil'.

From the context it seems that in drawing up Kipshize's notes, Tokarski has not realized that the room belongs to a lower level. Besides, the tunnel that begins from the hall starts in the NW corner, and not in the SE corner, which would suggest an error of 180 degrees in the position of the cardinal points. Curiously, the description of the tunnel is instead reasonably consistent with the topographical map (total length 34 meters) if one assumes a rotation of only 90 degrees from the real location of the four cardinal points. For the rest we can confirm all other details, reporting in Fig. 3.6 and Fig. 3.7 a picture of the hall and of the tunnel that originates from it. It can be seen how here the tuffs occur in horizontal layers of a few centimetres.

We can only conclude that perhaps we are dealing with a misinterpretation of unclear notes. We add that the tunnel ends owing to the stoppage of the excavations and that in the SE corner of the room there is an opening (point 17), apparently a real door, in direct communication with the outside world, with the exit among rubble, on the slope underlying the entrance of the upper underground system.

Fig. 3.8 shows the location of the hypogea in the context of the surrounding territory. The shaft vertical appears positioned well within the wall perimeter, about 30 metres west of the church of S. Grigor, and 80 metres from the entrance of the upper tunnel. It is not possible to find traces of any entrance on the corresponding slope surface, because the area is currently covered by an extended mass of ruins completely collapsed, invaded by a thick herbaceous vegetation.

The entrance of the upper tunnel is located on the outer

Fig. 3.7.b) Sezione della camera e del cunicolo inferiore di Ahuruan F/26 (grafica R. Bixio, 2004).
Section of the room and lower tunnel in Ahurian F/26 (drawing R. Bixio, 2004).

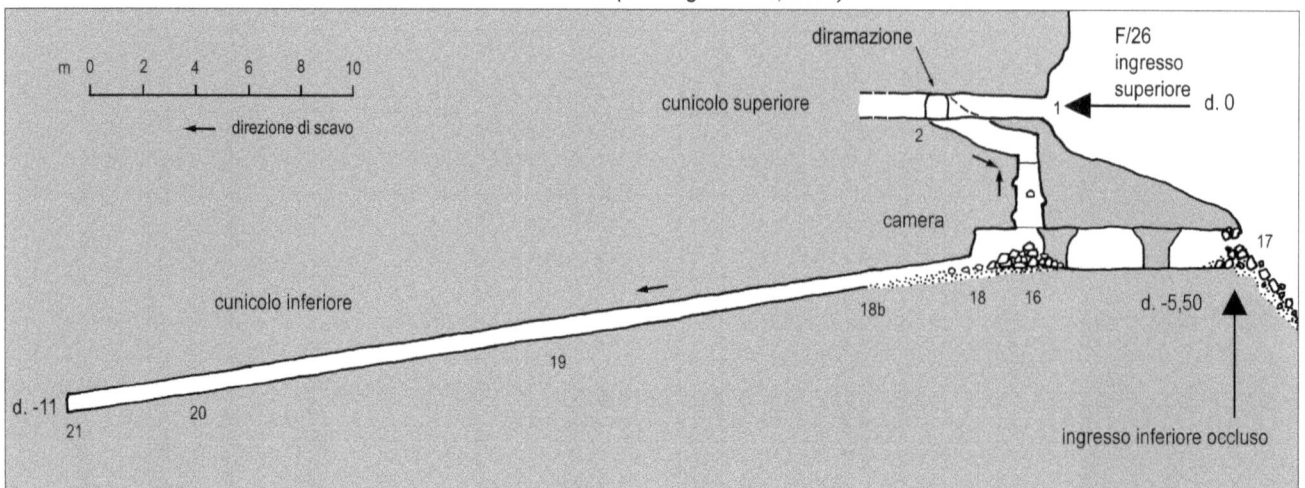

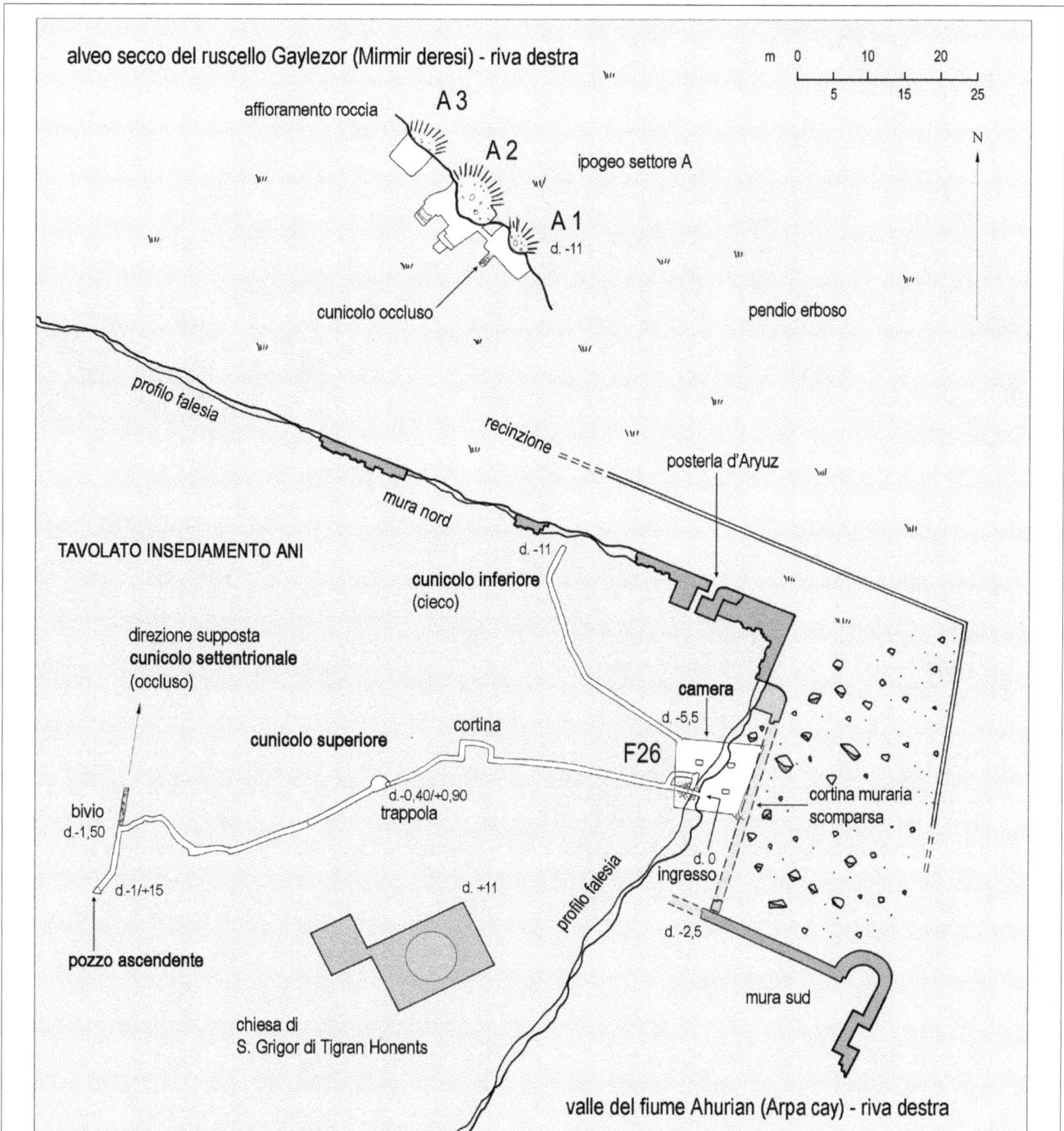

alveo secco del ruscello Gaylezor (Mirmir deresi) - riva destra

m 0   10   20

5   15   25

N

affioramento roccia

A 3

A 2

ipogeo settore A

A 1

d. -11

cunicolo occluso

pendio erboso

profilo falesia

recinzione

posterla d'Aryuz

mura nord

TAVOLATO INSEDIAMENTO ANI

d. -11

cunicolo inferiore
(cieco)

direzione supposta
cunicolo settentrionale
(occluso)

camera

d. -5,5

cunicolo superiore

cortina

F26

bivio
d.-1,50

d.-0,40/+0,90
trappola

cortina muraria
scomparsa

d. 0
ingresso

d.-1/+15

d. +11

d. -2,5

pozzo ascendente

profilo falesia

mura sud

chiesa di
S. Grigor di Tigran Honents

valle del fiume Ahurian (Arpa cay) - riva destra

sovrapposizione della topografia di superficie con la planimetria della struttura sotterranea

ipogeo: **GEDAN GYALMAS** (Ghedan Ghyalmas)
riferimento Kipshize: F 26 (settore F, riva destra valle fiume Ahurian / Arpa cay)
sito: Ani (Kars - Turchia orientale)

rilievo 2004 - Bixio R., Caloi V., Castellani V., Traverso F.   - © Centro Studi Sotterranei

tipologia: D.2, camminamento
dislivelli : m -11,00 / + 15,00
sviluppo spaziale: cunicolo superiore = m 54,00
            pozzo (valutazione)= m 15,00   totale = m 125,00
            cunicolo inferiore = m 56,00

note: la sezione longitudinale è, per convenzione, rettificata
      la topografia di superficie è schematica
      d. = dislivello in metri rispetto all'ingresso dell'ipogeo

Fig. 3.8) Pianta del sistema di ipogei Ahurian F/26 nel contesto del territorio (grafica R. Bixio, 2004).
Plan of the system of hypogea Ahurian F/26 in the context of the territory (drawing R. Bixio).

45

Fig. 3.8 bis) La zona del tavolato dove è ubicato l'ingresso del camminamento F/26 'Ghedan Ghyalmas'.
The area of the tableland where the entrance of the tunnel F/26 'Ghedan Ghyalmas' is located.

Possiamo solo concludere che probabilmente siamo in presenza di un'erronea interpretazione di appunti poco chiari. Aggiungiamo che il condotto termina per interruzione degli scavi e che nell'angolo SE della sala vi è un'apertura (punto 17), apparentemente una vera e propria porta, in diretta comunicazione con l'esterno, con sbocco tra il pietrisco, sul pendio sottostante all'ingresso del sistema superiore.

La Fig. 3.8 riporta la collocazione degli ipogei nel contesto del territorio circostante. La verticale del pozzo risulta posizionata ben all'interno del perimetro murario, circa 30 metri a ovest della chiesa di S. Grigor, e 80 m dall'ingresso del cunicolo superiore. Sulla corrispondente superficie del pendio non è possibile individuare tracce di un eventuale ingresso, in quanto l'area è attualmente ricoperta da una estesa massa di rovine degli antichi edifici di superficie, completamente crollati, invasi da una fitta vegetazione erbacea.

L'ingresso del cunicolo superiore è invece posizionato sul bordo esterno della falesia, in prossimità della posterla d'Aryuz. É da notare come tale sbocco si collochi all'interno del perimetro della cinta muraria. Stante la indiscutibile funzione di 'passaggio difeso' svolta da tale condotto, se l'andamento delle mura è come mostrato in figura, parrebbe doversi concludere che il camminamento è precedente alla erezione della parte più esterna delle mura medesime, facendo riferimento ad un diverso e più ristretto sistema difensivo.

Entrare più nel dettaglio delle possibili soluzioni storiche esula dai limiti delle nostre ricerche ed è compito dell'indagine storico-archeologica. Le motivazioni del collegamento (tardivo) tra sistemi superiore e inferiore restano difficilmente comprensibili: si può solo osservare che il cunicolo inferiore (cieco), interrotto in fase di scavo, che si diparte dalla camera inferiore, ha un andamento che sembra riprodurre un camminamento progettato per sottopassare le mura.

edge of the cliff, near the postern ('posterla') of Aryuz. It has to be noted that this entrance is placed inside the perimeter of the wall enceinte. Given the unquestionable role of 'defended passage' of this tunnel, if the course of the walls is as shown in the figure, it seems necessary to conclude that the passage was built before the erection of a part of the walls, with reference to a different and more limited defensive system.

Entering in more details on the possible historical solutions is beyond the purpose of our researches, being rather a task for archaeological and historical studies. The reasons for the (late) connection between upper and lower systems remain difficult to understand: we can only observe that the lower (blind) tunnel which begins from the lower chamber, interrupted during the excavation, has a behaviour that seems the one of a passage designed to underpass the walls.

Finally, we carried out a survey of the area looking for possible outlets of the tunnel coming from the shaft (transversal tunnel). The only possible evidence appears in the hypogeum A/1 located on the right side of Gaylezor, to which Kipshize devotes the lapidary comment: 'rectangular room, the front collapsed'.

As shown in Fig. 3.8, on the back wall of that room the entrance of a tunnel opens, at once completely closed by debris. We can only observe that direction, altitude and morphology of such a tunnel seem compatible with the tunnel coming from the shaft, although the actual correspondence is far from being ascertained or ascertainable.

3.2. Tsagkotsazor B/28: 'Underground Ani'

This underground structure is located at the foot of the hill on which stand the remains of the Citadel (Turkish = Içkale), in the southern part of the walled city, next to the gravel road, just opposite the ruins of the church of Saint James of Susan Pahlawuni, briefly call ed Aplgharip

È stata infine eseguita una ispezione del territorio alla ricerca di possibili sbocchi del condotto proveniente dal pozzo (cunicolo trasversale). L'unica possibile evidenza appare nell'ipogeo A/1 collocato sulla sponda orografica destra del torrente Gaylezor, cui Kipshize dedica il lapidario commento: 'Stanza rettangolare, parte davanti crollata'.

Come riportato in Fig. 3.8, sulla parete di fondo di tale ambiente si apre l'imbocco di un cunicolo, peraltro subito completamente occluso da detriti. Possiamo solo osservare che direzione, quota e morfologia di tale cunicolo parrebbero compatibili con il condotto proveniente dal pozzo, anche se la reale corrispondenza è ben lungi dall'essere accertata o accertabile.

3.2. Tsagkotsazor B/28: 'Ani sotterranea'

Questa struttura ipogea è ubicata ai piedi della collina su cui sorgono i ruderi della Cittadella (Içkale), nella parte meridionale della città murata, a lato della strada in terra battuta, esattamente in corrispondenza dei resti della chiesa di San Giacomo di Susan Pahlawuni, brevemente chiamata Aplgharip kilise.

Kilise.

The access is located just below the edge of the plateau on the western side, in a dark rock outcrop at the top of the steep grassy hillside that slopes down to the valley of the Tsagkotsazor (Fig. 3.9). The entrance is a small opening, similar to the hole of some animal, behind a pile of large fallen boulders.

In the original manuscript by Kipshize it had the number 26. Adding the cavities 26 and 27, it became 28. In Orbeli's (2) text it is indicated with the number 104th. Kipshize limits himself to a brief addition to Orbeli's description, here reported in the translation by M. Badiali:

> *'On the edge of the cliff of the Tsahkotsazor valley, among collapsed boulders, there is the entrance of a large cavity, which bears the name of "Underground Ani". To this underground passage various local traditions are associated; they maintain that the passage was used to communicate secretly with Kars (authors' note: a town 45 km away) or with other important cities of ancient Armenia. Although this is an exaggeration, there is*

Fig. 3.9) La collocazione dell'ingresso di "Ani Sotterranea" in un gradone di roccia affiorante sulla sommità del pendio erboso, al di sotto della chiesa di San Giacomo di Susan Pahlawuni (Aplgharip kilise).

The location of the entrance to "Underground Ani" in a rocky clift surfacin by the top of the grassy slope under the church of S. James from Susan Pahlawuni (Aplgharip kilise).

Fig. 3.9.a) Ingresso di 'Ani Sotterranea'.
Entrance to 'Underground Ani'.

L'accesso è collocato proprio sotto il bordo del tavolato, sul lato occidentale, in un affioramento di roccia scura, alla sommità del ripido pendio erboso che degrada sulla valle dello Tsagkotsazor (Fig. 3.9 e 3.9.a). L'imbocco si presenta come una esigua apertura, simile alla tana di qualche animale, alla base di un cumulo di grandi massi di crollo.

Nel manoscritto originale di Kipshize aveva il numero 26. Aggiungendo le cavità 26 e 27, è diventato 28. Nel testo di Orbeli[2] è indicato col numero 104a. Kipshize si limita a una breve aggiunta alla descrizione di Orbeli qui di seguito riportata nella traduzione di A. Badiali:

'Sotto il bordo del dirupo dello Tsahkotsazor, tra massi crollati si trova l'ingresso di una vasta cavità, che porta il nome di "Ani sotterranea". A questo passaggio sotterraneo sono collegate varie tradizioni locali, che affermano che il passaggio serviva per comunicare segretamente o con Kars (n.d.r. città distante 45 km) o con altre città importanti dell'antica Armenia. Benché questa sia una esagerazione, è comunque fuor di dubbio che "Ani sotterranea" si estendeva per dimensioni molto maggiori della parte accessibile al presente, ed è molto probabile che avesse una uscita verso il fiume Akhurian.

Al principio ti tocca strisciare sulla pancia con grande fatica, dopo si può anche camminare restando molto chinati. Sulla destra di uno stretto corridoio si apre uno spazio abbastanza largo, separato da una fila non alta di pietre messe in piedi, tra le quali resta una piccola apertura tipo porta. Continuando lungo il corridoio, usciamo in una ampia sala con soffitto basso, sorretto da alcune colonne. Dal soffitto scendono piccole stalattiti calcaree. Il pavimento è suddiviso con i sassi in una serie di camerette, mentre il corridoio prosegue senza interruzione. Attraverso il corridoio, non senza fatica, si può arrivare in una seconda sala simile, col pavimento pieno di massi. Il corridoio prosegue per alcuni passi, e infine il passaggio è chiuso da una enorme frana. In tutto, dall'ingresso sino alla frana,

no doubt that "Underground Ani" reached a size much larger than is accessible today, and it is very probable that it had an exit on the slope toward the river Akhurian.

At the beginning one has to creep along the ground with great difficulty, after it is possible to walk, even if stooping. On the right of a narrow corridor a rather large area opens, separated by a row of not very high stones, among which is a small opening, like a door. Continuing along the corridor, one arrives in a large room with a low ceiling, supported by few columns. Small limestone stalactites descend from the ceiling. The floor is divided with stones in a number of little rooms, while the corridor continues without interruption.

Through the corridor, not without difficulty, you can get into a second, similar room, with the floor filled with boulders. The corridor continues for a few steps, and finally the passage is closed by a huge landslide. In all, from the entrance to the landslide, there are 50 - 55 sasgen (authors' note: 1 sasgen = 3 arsci; 1 arsc = 0.71 meters, therefore about 100 m).

Formerly the entrance was much wider than now. In the first room we found evident traces of the passage of big domestic animals (horse dung). The corridor, at least in part, is undoubtedly of artificial origin. On the wall are visible the traces of the tools with which it has been excavated, while the hall has been obtained by removing the layer of the softer soil and placing some columns as support. It is difficult to identify the function of this underground passage, it could be possible to learn more by removing the landslide. It is very likely that this underground site was in communication with the fortress above it.

Those wishing to visit "Underground Ani" have to provide themselves with candles and a ball of string, because in the underground site there are some branches. Please note that it is very wet and dirty'.

Kipshize notes:

'To Orbeli's description one has to add that the rooms have a round shape, and that they are three, not two; the third is much smaller than the first two, the latter of which is the larger. The third room can be accessed from the second through a narrow passage formed by the collapse from the ceiling of boulders of dark rock'.

Fig. 3.10 shows the plan and section of the cavities as obtained during present investigations. The description by Orbeli is generally reasonably correct; from the entrance

ci sono 50 - 55 sasgen (n.d.t.:1 sasge = 3 arsci; 1 arsc = 0.71 metri, quindi circa 100 m).

Anticamente l'ingresso era molto più ampio di adesso. Nella prima sala sono state trovate tracce indubbie del passaggio di grossi animali domestici (sterco di cavallo). Il corridoio, se non tutto in parte, è indubbiamente di origine artificiale. Sulla parete sono visibili le tracce degli strumenti con in quali è stato scavato, mentre la sala è ottenuta rimuovendo lo strato di terreno più tenero e mettendo in alcuni punti le colonne a sostegno. È difficile indicare la funzione di questo passaggio sotterraneo, ne potremmo sapere di più rimuovendo la frana. È

to the final landslide there are, as the crow flies, 109 m, equivalent to 52 sasgen. However, our predecessors, not having performed a topographical survey, did not fully understand the nature of the hypogeum.

The present survey reveals that the cavity is actually made up by an only, wide space, almost horizontal, which stretches between the two edges of the plateau, crossing it at its narrowest point. The hall axis is orthogonal to the direction of the valleys of the Tsagkotsasor and of the Ahurian. The morphology is largely masked by widespread phenomena of collapse, which apparently divide the ambient (the three rooms described by Kipshize).
In fact the access requires to creep for a few meters below

Fig. 3.10) Pianta e sezione della cavità nota come 'Ani Sotterranea' (grafica R. Bixio, 2004).
Plan and section pf the cavity known as 'Underground Ani' (drawing R. Bixio, 2004).

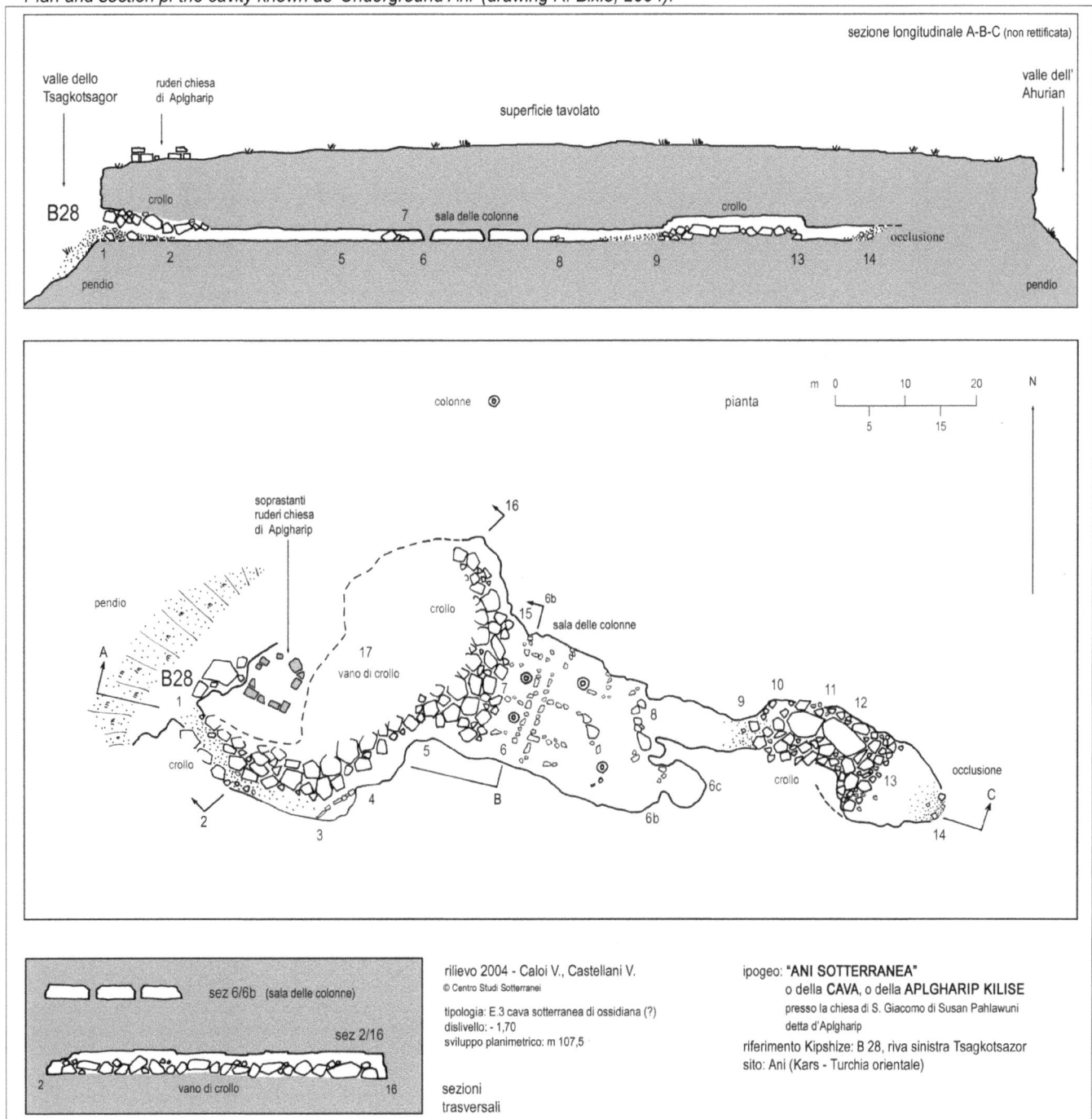

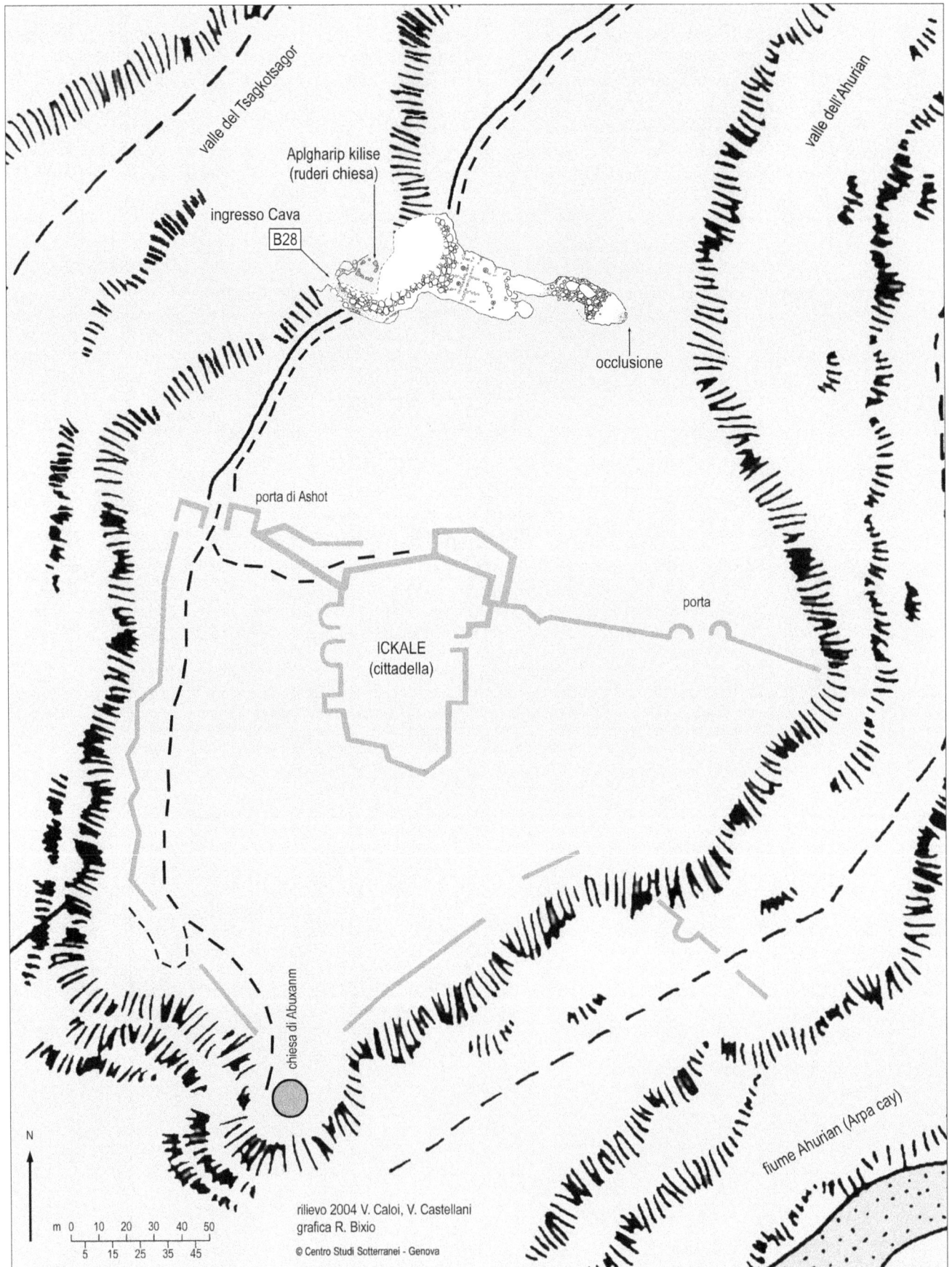

Fig. 3.11) La mappa della così detta 'Ani sotterranea' collocata nel contesto dell'area della cittadella (Içkale). Si nota che il grande vano sotterraneo è posto trasversalmente rispetto all'orientamento delle falesie, nel punto più stretto. Risulta molto probabile che la cava avesse una seconda uscita, ora occlusa, anche nella parete orientale (grafica R. Bixio, 2004).

Map of the so called 'Underground Ani' in the context of the the stronhold area (Içkale). We can note the wide underground room is transversal in respect of the cliffs orintation, in the more narrow point. It seems very likely the quarry had a second exit, today obstructed, in the oriental wall, too (drawing R. Bixio, 2004).

molto probabile che questo sotterraneo si trovasse in comunicazione con la fortezza che sta sopra di esso.

Quelli che desiderano visitare "Ani sotterranea" devono per forza munirsi di candele e spago, perché nel sotterraneo ci sono alcune diramazioni. Si tenga presente che è molto umido e sporco'.

Kipshize nota:

'Alla descrizione di Orbeli bisogna aggiungere che le sale sono di forma tonda e che ce ne sono tre e non due; la terza è molto più piccola delle prime due, di cui la seconda è la più grande. Nella terza sala si può accedere dalla seconda attraverso uno stretto passaggio formato dalla caduta dal soffitto di massi di roccia scura'.

La Fig. 3.10 mostra pianta e sezione della cavità come ricavate nel corso delle presenti indagini. La descrizione di Orbeli risulta in generale ragionevolmente corretta, e dall'ingresso sino alla frana terminale corrono in linea d'aria 109 m, pari a 52 sasgen. Tuttavia i nostri predecessori, non avendo effettuato rilevazioni topografiche, non avevano compreso appieno la natura dell'ipogeo.

La planimetria moderna ci rivela che la cavità è in realtà costituita da un unico, vasto ambiente, pressoché orizzontale che si estende tra i due bordi del tavolato, attraversandolo nel suo punto più stretto. L'asse del salone è dunque ortogonale alle direzioni delle valli dello Tsagkotsasor, a ovest, e dell'Ahurian, a est. La morfologia è ampiamente mascherata da diffusi fenomeni di crollo che apparentemente suddividono lo spazio in concamerazioni (le tre sale di Kipshize).

L'accesso richiede in effetti di strisciare per alcuni metri al di sotto di grandi massi, sino a raggiungere una sorta di corridoio delimitato sulla destra dalla parete rocciosa della cavità e sulla sinistra dall'accumulo caotico di blocchi di roccia, corridoio che infine dà accesso alla prima grande sala. Nello stato attuale è da escludere l'ingresso di animali anche meno voluminosi di un cavallo. Ancor oggi all'interno abbiamo peraltro trovato ossa di grandi animali. Sulla fede della testimonianza di Orbeli si deve concludere l'esistenza nel passato di un accesso molto più ampio, poi obliterato dai crolli tuttora evidenti.

Subito dopo l'entrata, alcuni bassi e impegnativi passaggi (tra i punti 1 e 2) immettono in una sorta di corridoio delimitato sulla destra dalla parete rocciosa della cavità e sulla sinistra da un accumulo caotico di blocchi di roccia. Nella prima curva (punto 3) si notano le lastre di pietra disposte verticalmente a formare un piccolo recinto munito di soglia. Il corridoio, dopo un'altra curva (punto 5), raggiunge la prima grande sala caratterizzata da alcuni pilastri. Proseguendo verso destra in una camera di forma allungata (Fig. 3.11.a), a causa del sedimento il terreno risale pro-

Fig. 3.11.a) Camera con crolli nella cava 'Ani Sotterranea'.
Room with collapses in the quarry so called 'Underground Ani'.

large boulders, until you reach a sort of corridor, defined on the right by the rocky wall of the cavity and on the left by the chaotic accumulation of stone blocks; in the end the corridor gives access to the first large hall. In its present state it is to exclude the possibility that animals can enter, even smaller than a horse. Anyway, we have found inside the bones of big animals. On the basis of Orbeli's report, it must be concluded that in the past a much wider entrance existed, then occluded by the still evident collapses.

Immediately after the entrance, a few low and difficult passages (between points 1 and 2) lead into a sort of corridor limited on the right by the natural rocky wall of the cavity and on the left by a chaotic pile of rock blocks. At the first curve (point 3) one notes some stone slabs arranged vertically to form a small enclosure with a threshold. The corridor after another curve (point 5), reaches the first large room, characterized by some pillars. Going on to the right we enter a room of elongated shape, where, because of the sediments, the floor rises progressively, reducing gradually the height of the ceiling, until we reach a new collapse (point 9). A narrow passage between boulders allows to pass over the landslide. We cross the long room, proceeding over the collapsed ceiling, until we go down in a clear area (point 13). In front (point 14), the cavity closes on a massive earth cone (occlusion) coming, in all likelihood, from a point on the plateau near the cliff opposite the entrance of the cavity.

Returning to the hall with the pillars, going along the northern wall (point 15) and proceeding in the opposite direction (towards the west), we can enter a large ambient full of collapsed material (point 17). Even in this case we walk on a chaos of unstable rocks originated by the collapse of the ceiling. Although one has the feeling of wandering in a maze, in fact we are dealing with a single cavity, and we can again reach the starting corridor, at the point 3.

Let us say at once that, to eyes expert in natural cavities, the hypogeum looks like a typical interlayer cave, where water flows, probably coming from the final landslide (point 14),

51

Fig. 3.12) La porzione iniziale della 'sala delle colonne'. In primo piano il 'corridoio' e traccia di alcuni 'muretti'. A sinistra e sullo sfondo due dei pilastri lasciati a sostenere il basso soffitto.

The first part of the first hall. In the foreground the "corridor" and some of the "low walls". In the background, one of the pillars left as support for the low ceiling.

gressivamente, riducendo l'altezza del soffitto, sino a un nuovo crollo (punto 9). Uno stretto passaggio tra i massi permette di risalire sopra la frana. Si attraversa il lungo vano, procedendo sulla superficie del soffitto crollato, sino a ridiscendere in un'area sgombra (punto 13). Di fronte (punto 14) la cavità termina su un consistente conoide di terra (occlusione) proveniente, con ogni probabilità, da un punto del tavolato prossimo alla falesia opposta all'ingresso della cavità.

Ritornando nella sala dei pilastri, costeggiando la parete settentrionale (punto 15) e procedendo nella direzione opposta (verso ovest) ci si può inoltrare in un grande vano di crollo (17). Anche in questo caso si procede sopra un caos di massi instabili originati dal collasso del soffitto. Benché si abbia l'impressione di aggirarsi in un labirinto, in realtà, come già detto, si tratta di un'unica cavità da cui si può nuovamente raggiungere il corridoio di partenza, nel punto 3.

Diciamo subito che ad occhi esperti di cavità naturali l'ipogeo si presenta come una tipica grotta di interstrato, ove flussi di acqua probabilmente provenienti dalla frana terminale (14) hanno naturalmente eroso ed asportato un deposito di rocce morbide intercalato, con una potenza di poco superiore al metro, tra due strati suborizzontali di rocce di molto maggiore consistenza che formano pavimento e soffitto. La grande sala centrale è stata peraltro indubbiamente rimaneggiata ed ampliata dall'intervento umano, asportando artificialmente una ulteriore ed ingente porzione dello strato più morbido, lasciando per maggior sicurezza alcuni rozzi pilastri di roccia (le 'colonne' di Orbeli) a sostenere il piatto soffitto formato dal compatto strato superiore di roccia.

La presenza dei pilastri risulta indispensabile perché la roccia più compatta è anche più rigida e, in ultima analisi, più fragile, quindi facilmente soggetta a crolli una volta

have naturally eroded and removed a deposit of soft rocks inserted, with a thickness slightly over one metre, between two almost horizontal rock layers of much larger thickness, which form the floor and the ceiling. Undoubtedly the large central hall has been altered and enlarged by human work, by removing a further substantial portion of the soft layer, leaving for greater safety some rough rock pillars (the 'pillars' in Orbeli's notes) to support the flat roof made by the compact upper rock layer.

The pillars appears necessary because the more compact rock is also more rigid and, ultimately, more fragile and easily subject to collapse, after removal of the support. Evidence of this is given by the microscopic cracks along the rock surface, in correspondence of which some small calcareous concretions formed by percolation, as already noted by Orbeli. One might think that the fallings from the ceiling have been caused, at least in part, from the quarry activities, and that the problem has been solved by leaving chunks of rock as support (the above-mentioned pillars).

We tend to exclude that the underground system was larger in the past and, on the other hand, it is not clear why and how it could have been in connection with the fortress which in fact is not on its vertical (Fig. 3.11).

In general the average height is less than, or of the order of, 1.5 m, usually preventing the standing position. As shown in Fig. 3.12, in the hall with the pillars, low and irregular stone rows mark a central passage (the 'corridor') and seem to define roughly some areas (Orbeli's 'small rooms'), scattered with numerous fragments of fictile material. This effort of division is not easily understood, since we lack more precise observations and analysis of archaeological type. On the whole, one gets the impression of a late reuse of the site for no clear purpose. Some explanation could come from the study of the samples of bones and pottery collected and delivered to specialists.

The large amount of removed material and the shape of the excavation leaves little doubt about the fact that we are in presence of a quarry. Anyway it is not easy to determine what kind of material was extracted. It turns out that the removed layer consists of a river deposit of volcanic scoriae strewn with intrusions of obsidian pebbles. It is possible that the aim of the extraction were the volcanic scoriae themselves, since they represent an important component for the production of cement mortars[1]. Therefore, the site can have been a quarry in service to the construction of the upper site. An appropriate examination of the mortars used in the buildings could confirm such a hypothesis.

Perhaps the looked for material, maybe in times preceding the scoriae quarry, was obsidian. This could, but not necessarily (see below), move back the dating of the quarry even to the Neolithic, providing an important evidence on the most ancient frequentation of the area.

asportata la base d'appoggio. Lo dimostrano le microfratture che ne percorrono la superficie, in corrispondenza delle quali si sono formate delle modeste concrezioni calcaree di percolazione già notate da Orbeli. Si potrebbe pensare che i distacchi del soffitto siano stati indotti, almeno in parte, proprio dalla attività dei cavatori i quali avrebbero successivamente risolto il problema lasciando porzioni di roccia a sostegno (i sunnominati pilastri).

Tendiamo ad escludere che il sistema sotterraneo fosse in passato più esteso e, d'altro canto, non si vede perché e come dovesse essere in collegamento con la fortezza che di fatto non si trova sulla sua verticale (Fig. 3.11).

L'altezza media è in genere inferiore o dell'ordine di 1.5 m, impedendo di norma la stazione eretta. Come mostrato in Fig. 3.12, nella sala dei pilastri bassi ed irregolari filari di pietre segnano un passaggio centrale (il 'corridoio') e paiono rozzamente delimitare alcuni spazi (le 'camerette' di Orbeli) disseminati di numerosi frammenti di materiale fittile. Tale opera di suddivisione appare poco decifrabile, non essendo supportata da più precise rilevazioni e da analisi di tipo archeologico. Nel complesso si ha l'impressione di un riuso tardivo del sito per non palesi finalità. Qualche chiarimento potrebbe venire dallo studio dei campioni di ossa e ceramica prelevati e consegnati agli specialisti.

L'ingente quantità di materiale asportato e la conformazione dello scavo lasciano pochi dubbi sul fatto di essere in presenza di una cava. Non è peraltro facile determinare quale fosse il materiale cavato. Lo strato rimosso è infatti costituito da un deposito fluviale di scorie vulcaniche disseminate di intrusioni di ossidiana in ciottoli. È possibile che l'obiettivo della coltivazione consistesse proprio nelle scorie vulcaniche, che rappresentano una componente importante per la produzione di malte cementizie[3]. Potremmo conseguentemente essere in presenza di una cava posta a servizio della costruzione del sovrastante centro abitato. Un opportuno esame delle malte utilizzate negli edifici potrebbe confermare una tale ipotesi.

Forse il materiale ricercato, magari in epoche precedenti alla cava di scorie, era l'ossidiana. Questo potrebbe –ma non necessariamente (infra)- arretrare la datazione della cava addirittura sino al Neolitico, fornendo una importante testimonianza sulle più antiche frequentazioni di questa area.

3.3 Tsagkotsazor D/18 : Le "Porte segrete".

Giusto ai piedi della rupe del sito Tsagkotsazor D, in orografia sinistra, si apre l'imboccatura di un'ampia galleria che risale verso il lato occidentale della città. Kipshize riporta:

'All'estremità meridionale della parete rocciosa menzionata, che arriva sino al fiumicello dove sono due grosse pietre arrotondate[4] termina il passaggio segreto n. 14a dalla città verso lo Tsagkotsazor, a

3.3 Tsagkotsazor D/18: The 'Secret Gates'

Right at the foot of the cliff at the site of Tsagkotsazor D, on the left orographic side, there is the entrance of a large gallery that goes up to the western side of the city. Kipshize writes:

'At the southern end of the mentioned rocky wall, arriving just to the little river where two large rounded stones[2] are found, there is the end of the secret passage n. 14a from the town towards the Tsagkotsazor. It seems it was useful in order to supply the city with water during sieges. The access from the river to this passage has the shape of an almost regular arch, it is low and, if you want to go through it, is necessary to stoop or to go on all fours.

The interior of the passage consists of a long and large corridor, with a high vaulted ceiling, where you can finally stand and walk in 3 or 4 people. The collapsed section of the passage seems rectangular, but this is the result of the border erosion. On the walls, especially at the curves, there are small niches for lights, and there are also traces of burnt material (pitch, lamp fat).

The passage changes direction several times. Initially, for about 10 sasgen (1 sasge = 3 arsci, 1 arsci = 0.71 metres, note of translator) it rises steeply in depth, then, it makes two slight curves to the left, and shortly after to the right, definitely in the direction of the Secret Gates (XVII). Here the slope is less steep. At a distance of 26 sasgen and a half arsci (about 56 meters) from the entrance, the passage is interrupted by collapsed material (2 sasgen and arsci, about 5 meters). Through small steps carved into the rock, you can creep along the wall and reach the other side, where there is a segment of 8 sasgen (about 17 meters).

The total length within reach is 37 sasgen (about

Fig. 3.12.a) Imbocco del tunnel chiamato 'Porte segrete'.
Entrance of the tunnel named 'Secret Gates'

quanto pare utile anche per rifornire la città di acqua durante gli assedi. L'accesso a questo passaggio dal fiume ha la forma di un arco quasi regolare, è basso e per passarci attraverso bisogna chinarsi molto o andare carponi.

All'interno il passaggio è costituito da un corridoio lungo, ampio, alto, a volta, nel quale ci si può finalmente raddrizzare e camminare in 3 o 4 persone. Nella parte crollata la sezione del passaggio sembra rettangolare, ma questo è il risultato dell'erosione del bordo. Sulle pareti, specie attorno alle curve, si aprono piccole nicchie per i lumi, e ci sono anche tracce di bruciato (pece, grasso di lampade).

Cambia direzione parecchie volte. All'inizio, per circa 10 sasgen (1 sasge = 3 arsci, 1 arsci = 0.71 metri, n.d.t.) si alza ripidamente in profondità; poi, due curve a sinistra poco pronunciate e poco dopo a destra, decisamente nella direzione delle Porte Segrete (XVII). Qui la salita è meno ripida. Alla distanza di 26 sasgen e mezzo arsci (circa 56 metri) dall'entrata il passaggio si interrompe a causa del crollo (2 sasgen e un arsci, circa 5 m). Mediante piccoli gradini scavati nella roccia è possibile strisciare lungo la parete e arrivare dall'altra parte,

79 meters). The upper extremity is walled and at present it is not possible to enter the city, although the passage arrives just below the city walls, near the place where the Secret Gates are located'.

Figures 3.13 and 3.13bis report the plan and section of the tunnel. In absence of a previous topography with which to compare our results, we can integrate and, in some points, correct the previous description. From the lower entrance (point 1) the tunnel goes forward, rising for about 15 meters with a slight slope, the soil being covered with fine debris that greatly reduces the section. From here a stretch with steps begins (point 3), with a steeper slope, which extends for about 20 meters bending to the left (Fig.3.14). At the end of the steps (point 5) the slope decreases again and the tunnel continues into a broader space which forms a sharp curve to the right (from point 6 to point 8). Here there is the joint with the tunnel that comes from above, from point 10. The signs on the walls show that the excavation was carried out starting from point 1 to point 6. Some evidence seems to indicate an opposite direction in the stretch 8-10. In this case the ambient with the sharp turn between point 6 and point 8 would mark the encounter between two opposite fronts of excavation. In any case, we note that, in coincidence with the quoted ambient, the tunnel section changes shape, from a vaulted ceiling (points 1-6) to a

Fig. 3.13.a) Lo sperone roccioso nella valle del Tsagkotsazor dove si trova il Tunnel degli Orti (o delle Porte Segrete). *The rocky spur in the Tsagkotsazor valley, where the Orchard tunnel (or Secret Gates) is located.*

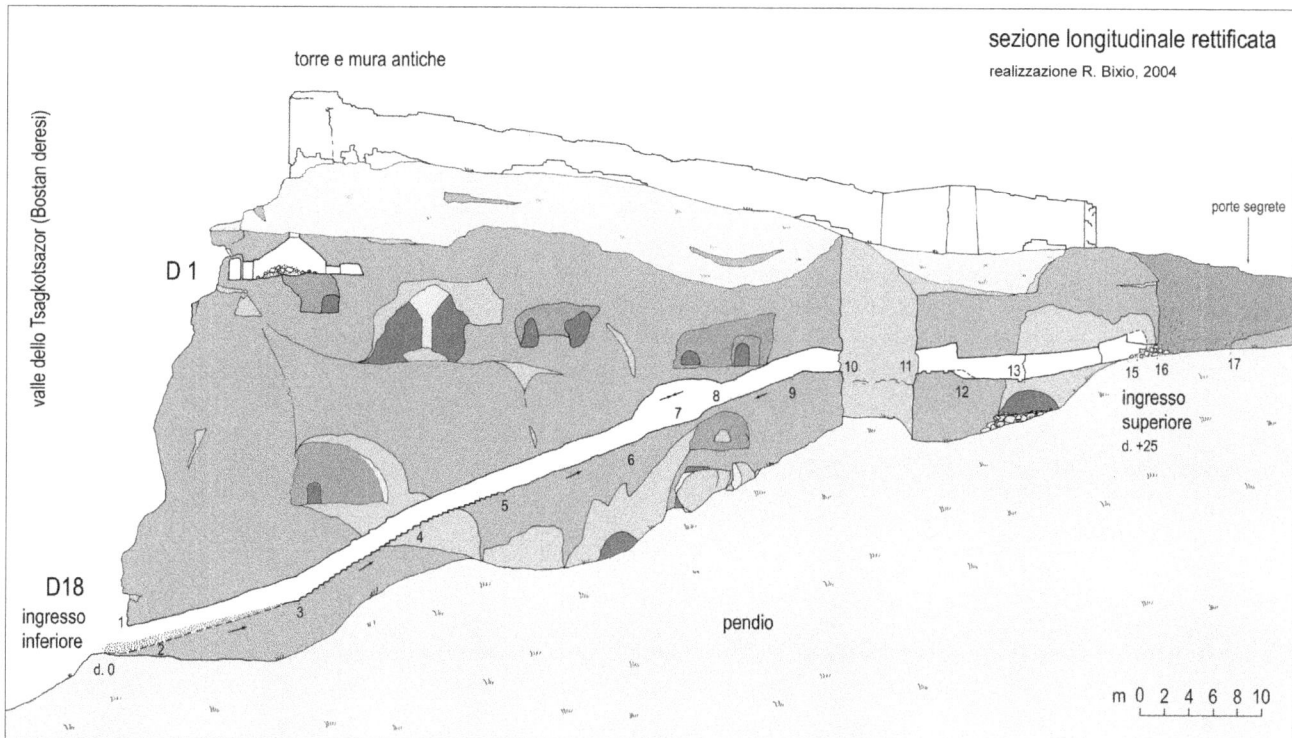

Fig. 3.13) Sezione longitudinale del Tunnel degli Orti (o delle Porte Segrete) (grafica R. Bixio, 2004).
Longitudinal section of the Orchards tunnel (or Secret Gates) (drawing R. Bixio, 2004)

dove c'è un segmento di 8 sasgen (circa 17 metri). La lunghezza totale accessibile è di 37 sasgen (circa 79 metri). Il termine superiore è murato e attualmente non si può uscire in città, benché il passaggio arrivi proprio sotto le mura della città, presso il luogo dove si trovano le suddette Porte Segrete'.

Le Fig. 3.13 e 3.13 bis riportano pianta e sezione della galleria. In assenza di una topografia antica con la quale confrontarci possiamo integrare e in qualche punto correggere la precedente descrizione. Dall'ingresso inferiore (punto 1) la galleria si inoltra, salendo, per circa 15 metri con una pendenza contenuta e suolo coperto da fini detriti che ne riducono notevolmente la sezione. Da qui inizia un tratto gradinato (punto 3) ed a maggior pendenza, che si prolunga per circa 20 metri curvando sulla sinistra (Fig.3.14). Al termine della gradinata (punto 5) la pendenza si addolcisce nuovamente e la galleria prosegue immettendosi in un più ampio ambiente che forma una curva a gomito verso destra (da punto 6 a punto 8). Qui si innesta il tunnel che proviene dall'alto, dal punto 10. I segni sulle pareti mostrano che lo scavo fu eseguito partendo dal punto 1 verso il punto 6. Lievi indizi sembrerebbero indicare per il tratto 8-10 una direzione contraria. In tal caso l'ambiente a gomito tra i punti 6 e 8 segnerebbe l'incontro tra due fronti di scavo contrapposti. Da segnalare in ogni caso che in corrispondenza del citato ambiente la sezione della galleria cambia morfologia, passando da un soffitto a volta (punti 1-6) ad una sezione nettamente quadrata.

Nel punto 10 la galleria è attualmente interrotta dal crollo già segnalato da Kipshize, e sbuca all'aperto, sul vuoto. Lo sviluppo spaziale del tratto 1-10, dell'ordine di circa 65

clearly square section.

At point 10 the tunnel is at present interrupted by the collapse already reported by Kipshize, and it opens on the outside, on empty space. The length of the tract 1-10, of the order of about 65 meters, is a little longer than indicated by Kipshize. It is surprising that he ascribes the square section to an 'erosion of the border'.

Fig. 3.15 shows the tunnel mouth at point 11, as seen from the opposite side (point 10). The sharp square section of the tunnel is surely intentional, without the possible intervention of erosion. In any case we must appreciate Kipshize's effort, since he states to have crossed the collapsed tract thanks to steps cut on the rock. However, this statement appears curious, because the continuation of the tunnel, beyond our point 11, is easily accessible from the outside going up the slope until you reach the top entrance, where a large portion of the tunnel wall has disappeared (between point 13 and point 15) leaving open the outer side facing the cliff.

Beyond the point 11 the tunnel seems much more complex and difficult to understand. Kipshize mentions a wall, but at point 14 we observe only an interrupted excavation front. Perhaps he refers to the occlusion by debris in the tunnel between point 15 and point 16. Point 12 appears as the meeting point between two opposite excavations, and point 15 seems also to mark the joint with a tunnel dug from up to down. Moreover, on the wall just outside of point 16 and point 17, one finds on the rocks traces of digging that seem to indicate that there was a continuation of the tunnel now collapsed.

metri, risulta un poco più lungo di quanto indicato da Kipshize. Stupisce che questi attribuisca la sezione quadrata ad una 'erosione del bordo'.

La Fig. 3.15 mostra la bocca del tunnel al punto 11, come vista dalla parte opposta (punto 10). La netta sezione quadrangolare del condotto corrisponde certamente ad una modalità costruttiva, senza il possibile intervento di erosioni. Da apprezzare peraltro la escursione di Kipshize che dichiara di aver attraversato lo spazio del crollo grazie a gradini opportunamente incisi nella roccia. Dichiarazione peraltro curiosa, in quanto il proseguimento del tunnel, al di là del nostro punto 11, è facilmente accessibile risalendo il pendio dall'esterno sino a raggiungere l'ingresso superiore dove un'ampia porzione della parete della galleria è scomparsa (tra i punti 13 e 15) lasciandone aperto il lato esterno prospiciente la falesia.

Oltre il punto 11 il tunnel appare di molto più complessa e difficile lettura. Kipshize parla di una muratura, ma nel punto 14 noi osserviamo solo un fronte di scavo interrotto. Forse si riferiva all'occlusione da detriti della galleria tra il punto 15 e il punto 16. Il punto 12 sembra il punto di incontro tra due scavi contrapposti, e il punto 15 sembra anch'esso marcare il punto di arrivo di un tunnel scavato

The possible explanations are various and alternative, and it seems pointless to dwell on pure illations. However, we consider appropriate to point out that, as it can be seen from the map, the stretch of the tunnel, which Kipshize calls 'Secret Gates', certainly passed under the walls to come out inside the city. Such a name therefore would give a special meaning to the topography.

There remains some general considerations that we consider worth mentioning. First of all, it appears obvious that the large sharp curve made by the tunnel (6-8 points) is very likely due to the necessity of overcoming the height of the cliff while maintaining the slope, already fairly steep, within acceptable limits. The total difference between the entrance at the cliff foot and the exit at the top is 25 meters.

Clearly the tunnel was intended to connect the city with the bank of the Tsagkotsazor. Kipshize thinks of water supply for the city during sieges. In this respect, it is surprising that the tunnel shows no obvious defensive works, present instead in the passage of Ghedan Ghyalmas (see above), of a much more limited size. Even taking into account that probably the two hypogea have been made in very different

Fig. 3.13 bis) Pianta e sezioni trasversali del Tunnel degli Orti o delle Porte Segrete (grafica R. Bixio, 2004).
Plan and transversal section of the Orchards tunnel (or Secrte Gates) (drawing R. Bixio, 2004)

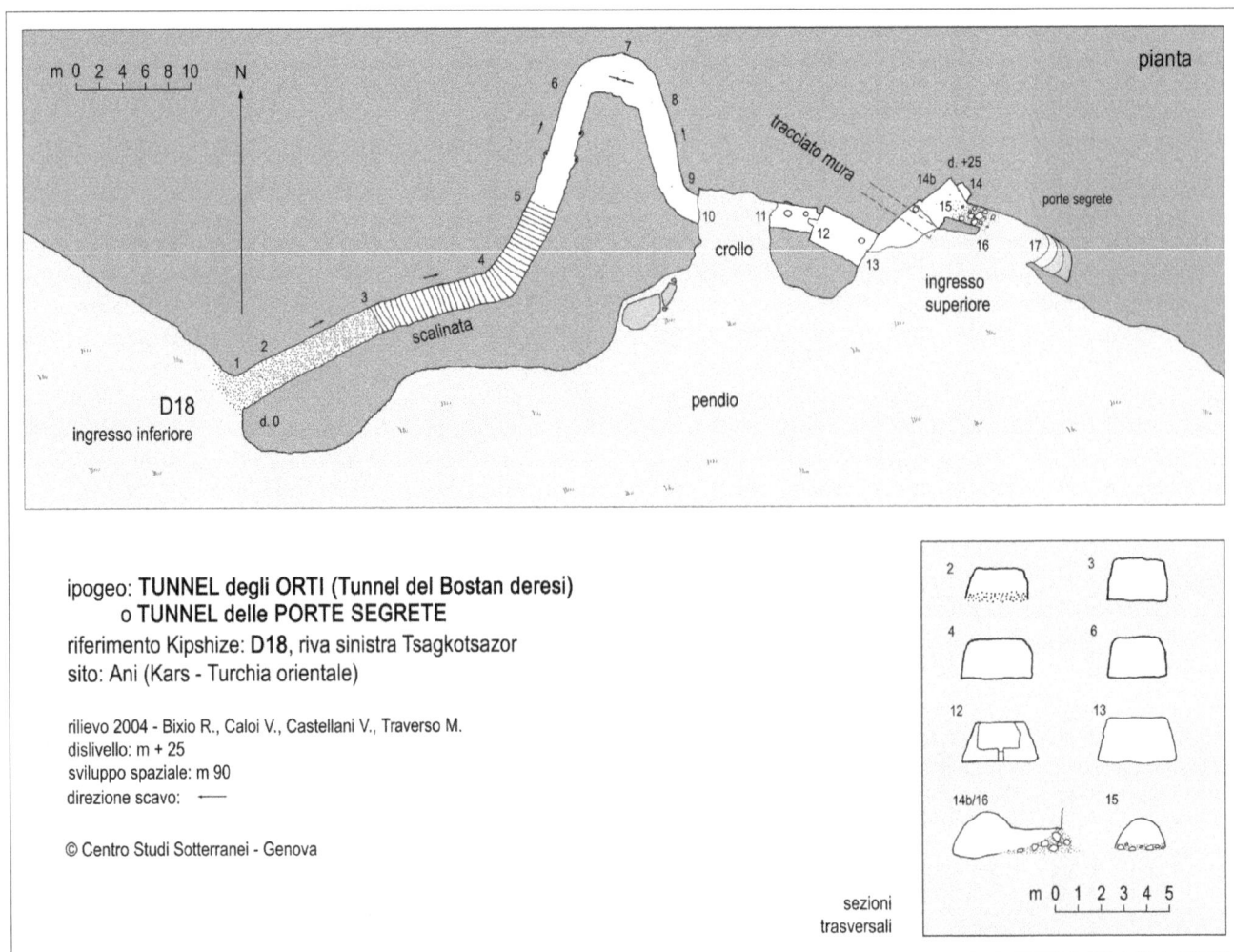

ipogeo: **TUNNEL degli ORTI (Tunnel del Bostan deresi) o TUNNEL delle PORTE SEGRETE**
riferimento Kipshize: **D18**, riva sinistra Tsagkotsazor
sito: Ani (Kars - Turchia orientale)

rilievo 2004 - Bixio R., Caloi V., Castellani V., Traverso M.
dislivello: m + 25
sviluppo spaziale: m 90
direzione scavo: ⟵

© Centro Studi Sotterranei - Genova

sezioni trasversali

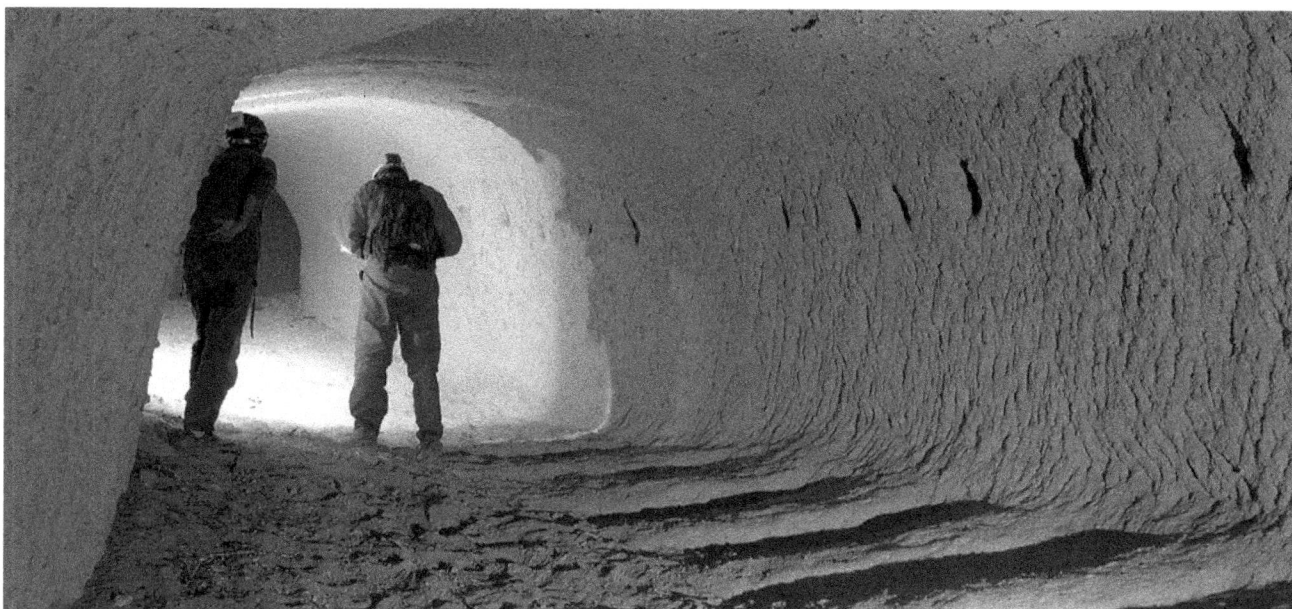

Fig. 3.14) Il Tunnel degli Orti, o Porte Segrete: l'inizio del tratto gradinato.
Tunnel of the Orchards: the beginning of the segment with steps.

da monte verso valle. Inoltre, sulla parete subito all'esterno del punto 16 e poi del punto 17, sulle rocce si rilevano tracce di scavo che paiono indicare l'esistenza di una prosecuzione del tunnel ormai crollata.

Le ipotesi esplicative sono varie ed alternative, e pare inutile soffermarsi qui su pure illazioni. Tuttavia, riteniamo opportuno segnalare che, come si nota dal rilievo, questo tratto della galleria, che Kipshize chiama 'Porte Segrete', passava certamente sotto le mura per sbucare all'interno della città. Il toponimo attribuirebbe dunque particolare significato alla topografia.

Restano alcune considerazioni generali sulle quali vale la pena di soffermarsi. Pare innanzitutto evidente che la grande curva a gomito compiuta dal tunnel (punti 6-8) risponda con buona probabilità all'esigenza di superare l'altezza della rupe mantenendo la pendenza, già piuttosto ripida, entro limiti accettabili. Il dislivello totale tra ingresso a valle e ingresso a monte è di 25 metri.

La galleria era inoltre, e chiaramente, destinata al collegamento tra la città e il greto dello Tsagkotsazor. Kipshize parla di rifornimenti di acqua alla città durante gli assedi. Stupisce al riguardo l'assenza nel tunnel di evidenti opere di difesa, presenti invece nel passaggio di Ghedan Ghyalmas (*supra*) di sezione ben più esigua. Anche tenendo presente che probabilmente i due ipogei provengono da epoche e da contesti molto diversi, sembra difficile pensare che in epoca di assedi si lasciasse un così ampio e indifeso accesso a disposizione del nemico. Forse, e molto più semplicemente, si può ipotizzare un passaggio coperto che consentiva agli abitanti della città durante i rigidi e nevosi inverni e le furiose tempeste di sabbia in ogni stagione, di raggiungere la Valle degli Orti sia per rifornirsi di acqua, ma anche per aver cura delle coltivazioni della valle medesima.

ages and contexts, it seems difficult to believe that, in time of sieges, one left such a large and unprotected access ready for the enemy. Perhaps, and much more simply, one can assume a covered walkway that allowed the inhabitants of the city, during the harsh and snowy winters and furious sand storms in every season, to reach the Orchard Valley not only for water supply, but also to take care of the farming in the valley itself.

3.4 The passage to the Great Bath (PB)

This is a dug-out transit tunnel, below ground level. It is located at the middle of the plateau (Figure 2.1, point PB). It is believed that it was used to connect the palace from which it begins (called 'residence No. 1') with the building of the Great Bath, whose ruins are located 75 meters to the north-west. The building itself is half underground because it was built for about one meter below the road level of the time of construction (Karamağaralı 2001). Fig. 3.16 shows the plan of the hypogeum.

From the palace (of which only ruins in the open-air are left) one enters the gallery going down a staircase that covers a difference of level of 1.5 metres (point 3). The wall and the barrel vault are made entirely by large well squared stones,; in the vault there are ribs and outlets for air and light. Today it is possible to explore only twenty metres because a collapse (point 6) closes the way toward the bathrooms. The gallery appears built in several sections (see the narrowing at point 5) and could have had access to other buildings distributed along the route, buildings not yet excavated.

In the city there may be other similar structures (fully and half-underground) that were built for protection from the rigours of winter and from the quoted sand storms caused by the violent winds. There are, for example, the remains

57

Fig. 3.15) Tunnel degli Orti. La bocca del tunnel al punto 11.
Orchards tunnel: the mouth at point 11.

3.4 Il passaggio al Gran Bagno (PB)

Si tratta di una galleria di transito costruita in trincea sotto il livello di campagna. È ubicata al centro del tavolato (figura 2.1, punto PB). Si ritiene che servisse a collegare il palazzo da cui parte (denominato 'residenza n°1') con l'edificio del Gran Bagno, i cui ruderi si trovano 75 metri a Nord-Ovest. Il palazzo medesimo risulta semisotterraneo in quanto costruito per circa un metro sotto il livello stradale dell'epoca (Karamagarali 2001). La Fig. 3.16 riporta la pianta dell'ipogeo.

Dal palazzo (di cui rimangono solo ruderi a cielo aperto) si accede alla galleria scendendo per una scalinata di 1,5 metri di dislivello (punto 3). La muratura è interamente costituita da grandi conci ben squadrati con i quali è stata realizzata anche la volta a botte, dotata di costoloni e di prese d'aria e luce.

Oggi sono percorribili soltanto 20 metri in quanto un crollo (punto 6) occlude la prosecuzione in direzione dei bagni. La galleria sembra costruita in più sezioni (vedi restringimento nel punto 5) e potrebbe aver avuto altri accessi a palazzi distribuiti lungo il percorso, oggi ancora non scavati.
Nella città esisterebbero altre strutture similari (sotterranee e semisotterranee) che sarebbero state edificate con lo scopo di proteggersi dai rigori invernali e dalle citate tempeste di sabbia provocate dai venti violenti. Si segnalano, ad esempio, i resti della galleria del Monastero delle Vergini. Oggi è visibile il tratto costruito in elevato ma,

of the tunnel of the Monastery of the Virgins. Today it is visible the part built over the ground but, from what prof. Karamağaralı tells us, underground tunnels should exist as continuation. The one going down should reach the bank of the river Ahurian. We have searched upward, without success, the entrance that would open somewhere along the slope now covered by earth deposits and steppe vegetation.

3.5 The tanks

Near the western edge of the plateau, not far from the church of S. Grigor (point Ci in Fig. 2.1), a series of hollows on the ground indicates the presence of underlying cavities, some of which are still accessible. A quick exploration of one of these openings revealed the presence of an underground, bell-shaped ambient, presumably used as a water tank or as a grain silos.

Figure 3.17 shows the plan and section of the hypogeum. Fig. 3.18 shows the picture of a portion of the side wall of the warehouse: you notice a layer of plaster that covers and protects the lower part. The absence of a complete coating suggests that the cavity was designed as cereals container (barley?), with the plaster that regularizes the container walls, while protecting the grain from the moisture from below.

3.6 Qanat?

Outside the walls, in the vast plain to the north of them, on

Fig. 3.16) Passaggio del 'Gran Bagno' (grafica R. Bixio, 2004).
Plan of the passage to the 'Great Bath' (drawing R. Bixio, 2004).

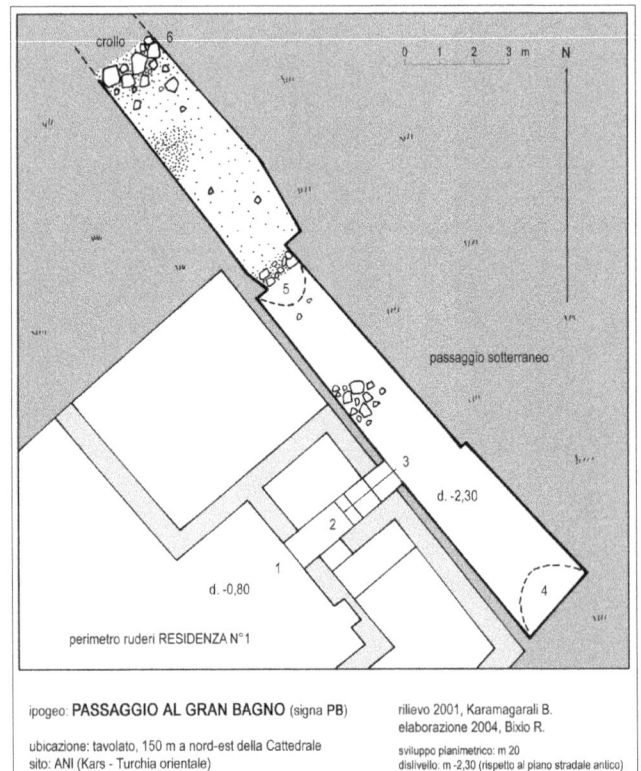

ipogeo: **PASSAGGIO AL GRAN BAGNO** (signa PB)
ubicazione: tavolato, 150 m a nord-est della Cattedrale
sito: ANI (Kars - Turchia orientale)

rilievo 2001, Karamagarali B.
elaborazione 2004, Bixio R.
sviluppo planimetrico: m 20
dislivello: m -2,30 (rispetto al piano stradale antico)

Fig. 3.17 bis) Passaggio al Gran Bagno, costruito sotto il livello di campagna con grandi blocchi squadrati.

The pasage to the 'Great Bath', built under the field level by means of large squared rocky blocks.

small portions of land not touched by modern ploughing, one can see consecutive series of slight hollows. These hollows look similar to features found in many arid regions where they indicate the presence of shafts, now filled up with earth and out of use, used for the excavation of ancient underground channels in order to tap underground water. These channels, known to specialists as 'qanat' (Arabic) or 'karez' (Persian), are found at least from the end of the second millennium BC in the vast desert belt extending from the Western Sahara as long as the deserts of China (see, for example, Castellani 2001).

The presence of rocky fragments that surround some of these hollows seems to indicate unambiguously that such hollows are actually the result of the digging of deep shafts, that have reached the rock layers below the earthy covering of the steppe. The location of these hollows is shown in Figure 3.20 (points Ca). Fig. 3.19 shows the clear evidence of one of these hollows. They could indicate the presence of ancient water systems that, collecting the groundwater from the plane above, supplied with water the area where the town of Ani would have been built. If

da quanto ci comunica la prof. Karamagarali, esistereb-bero dei tunnel sotterranei in prosecuzione del medesimo. Quello a valle raggiungerebbe la riva del fiume Ahurian. A monte è stato cercato, senza successo, l'ingresso che si aprirebbe in un punto del pendio ormai invaso da depositi terrosi e dalla vegetazione steppossa.

3.5 Le cisterne

Nei pressi del bordo occidentale del tavolato, non distante dalla chiesa di S. Grigor (punto Ci in Fig. 2.1), una serie di avvallamenti sul terreno segnala la presenza di sotto-stanti cavità, alcune delle quali ancora accessibili. Una ra-pida esplorazione di una di queste aperture ha rivelato la presenza di un ambiente sotterraneo a forma di campana, presumibilmente adibito a cisterna o a silos per cereali.

La Fig. 3.17 riporta pianta e sezione dell'ipogeo. La Fig. 3.18 mostra l'immagine di una porzione della parete late-rale del deposito: si nota uno strato di intonaco che ricopre e protegge la parte inferiore. L'assenza di una completa ricopertura suggerisce che la cavità fosse destinata a con-tenitore di cereali (orzo?), con l'intonaco che regolarizza le pareti del contenitore e, nel contempo, protegge i cereali dalla risalita dell'umidità sottostante.

3.6 Qanat?

All'esterno della cinta muraria, nella vasta piana a set-tentrione della medesima, su modeste porzioni di suolo rimaste esenti da moderne arature, sono riscontrabili serie consecutive di leggeri avvallamenti, rapportabili a confi-gurazioni simili che in molte regioni aride segnalano la presenza dei pozzi, interrati e obsoleti, utilizzati per lo sca-vo di antichi canali sotterranei di emungimento di acque di falda. Tali canali, noti agli specialisti con i termini di *qanat* (arabo) o *karez* (persiano), sono testimoniati a parti-

Fig. 3.17) Schizzo in pianta e sezione di una cisterna.
Sketch of plan and section of one of the tanks.

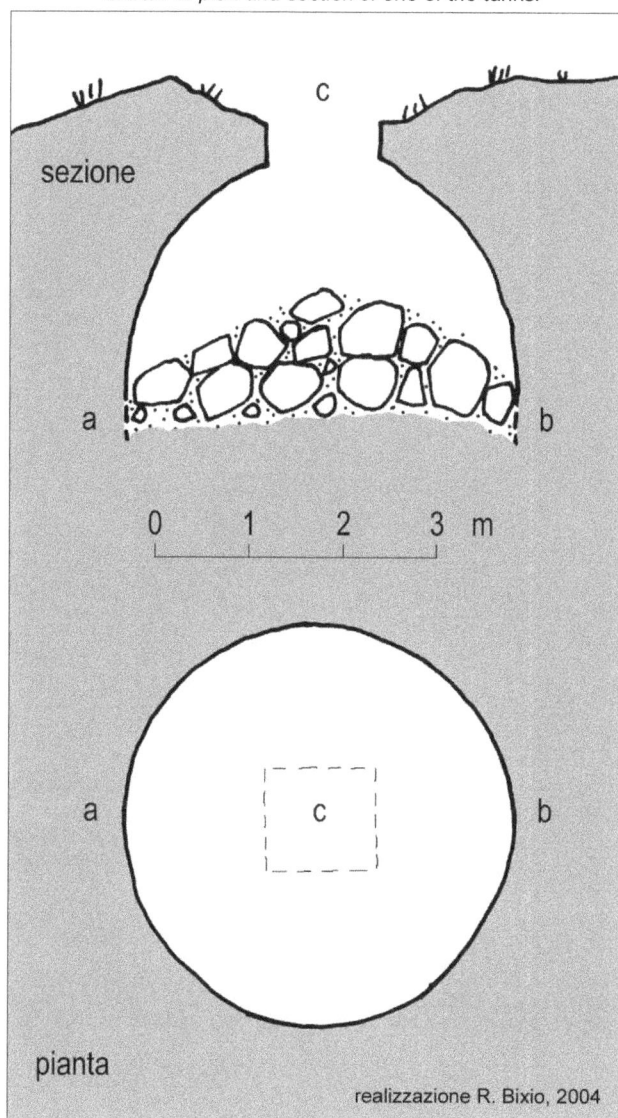

realizzazione R. Bixio, 2004

re almeno dalla fine del II millennio a.C. nella vasta fascia desertica che va da dal Sahara occidentale sino ai deserti della Cina (vedi, ad es., Castellani 2001).

La presenza di frammenti rocciosi che circondano alcuni di questi avvallamenti sembra indicare senza ambiguità che gli avvallamenti siano in effetti il risultato dello scavo di pozzi profondi che hanno raggiunto gli strati rocciosi al di sotto della copertura terrosa della steppa. La collocazione di tali avvallamenti è riportata nella figura 3.20 (punti Ca). La Fig. 3.19 mostra la chiara evidenza di uno di tali avvallamenti. Se ne potrebbe evincere la presenza di antichi sistemi idrici che, emungendo le acque di falda dalla piana sovrastante, rifornissero di acque l'area in cui doveva sorgere l'abitato di Ani. Se la presenza di tali sistemi sotterranei venisse confermata, probabilmente essi farebbero riferimento ad un insediamento ben precedente alla Ani storica, risalente ad epoche anche così arretrate come il I millennio a.C.

Fig. 3.19) L'avvallamento sulla superficie della steppa che sembra segnalare la bocca di un antico pozzo di qanat.

The hollow on the steppe surface that seems to indicate the presence of an ancient shaft belonging to a qanat.

the presence of these underground systems were confirmed, they would probably refer to a settlement well before the historic Ani, dating back to epochs as early as the first millennium BC.

[1] Come si deduce dall'orientamento delle scritte, la pianta schematica di Kipshize è stata ruotata rispetto alla rappresentazione originale del 1915 per rendere più agevole il confronto con il rilievo moderno.
[2] Orbeli era un archeologo che faceva parte della squadra di Maar: al tempo aveva già pubblicato una breve guida di Ani.
[3] Ringraziamo il prof. Lucio Morbidelli, dell'Università La Sapienza di Roma per la gentile consulenza prestata.
[4] I due massi, visibili nelle foto di Kipshize del 1915, non risultano più in loco (vedi figura 2.4).

[1] *As it is clear from the orientation of the writing, the Kipshize's schematic plan was rotated with respect to the original representation of 1915 to facilitate the comparison with modern topography.*
[2] *Orbeli was an archaeologist who was part of the Maar's team: at the time he had already published a short guide to Ani.*
[3] *We thank prof. Lucio Morbidelli, University La Sapienza of Rome, for his friendly advice.*
[4] *The two rocks, visible in Kipshize's photos of 1915, are no longer in place (see Figure 2.4).*

Fig. 3.20) L'area settentrionale del tavolato, antistante le mura della città, ove sono stati localizzate e posizionate alcune depressioni(Ca), probabilmente riconducibili a resti di bocche di pozzo di un antico sistema di emungimento sotterraneo.

The northern area of the tableland, in front of the city walls, where some hollows have been found and localized, likely remains of shaft mouths of an ancient system to intercept underground waters.

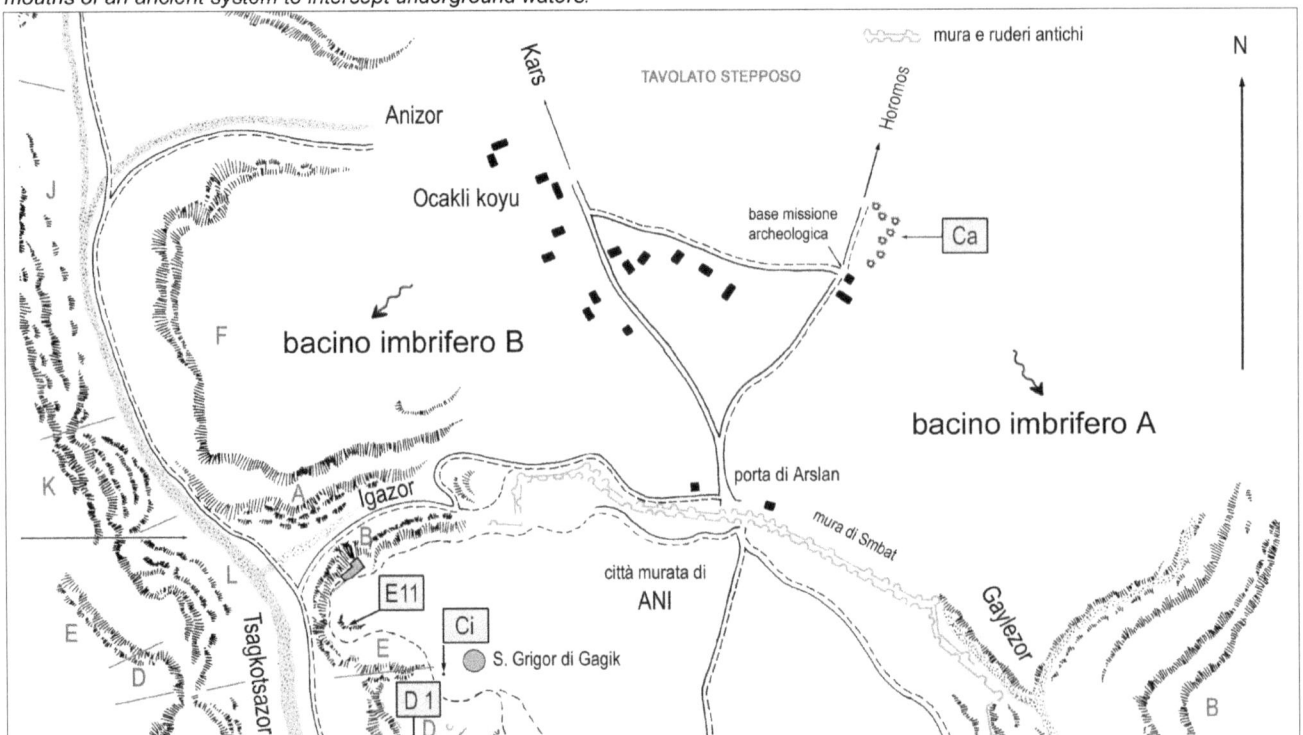

4. GLI IPOGEI: ORIGINE E FUNZIONI

4. HYPOGEA: ORIGIN AND FUNCTIONS

Benché i sotterranei di Ani vengano ripetutamente citati anche nella recente letteratura come elemento di rilievo nel quadro dell'insediamento urbano, dall'esame della letteratura stessa si deve innanzitutto concludere che gli unici lavori basati su indagini originali siano quello di Orbeli del 1910 e quello ampio e sistematico di Kipshize del 1915, con le integrazioni di Tokarski. Tutti i successivi lavori fanno esplicitamente o implicitamente riferimento a questi due.

Ciò nonostante, ipotesi ed opinioni sul ruolo e sulla funzione degli ipogei sono andate accumulandosi nel tempo, portando a conclusioni che talora non appaiono confortate dalle osservazioni della presente missione.

Per discutere l'importante argomento con un qualche dettaglio conviene dunque premettere una rilettura critica delle ipotesi al riguardo apparse in letteratura.

4.1 Lo scenario Kipshize: una discussione

Esamineremo innanzitutto il testo di Kipshize, come materialmente steso da Tokarski ed edito nel 1972 dall'Accademia Armena delle Scienze. In una breve premessa iniziale B. N. Arakelyan tocca succintamente il problema delle origini:

> 'Nel X secolo, all'epoca del grande sviluppo di Ani, comincia l'insediamento trogloditico nel tufo, dando origine alla parte sotterranea della città. Questa si potrebbe chiamare "Ani sotterranea", se non fosse che questa denominazione è già stata data al percorso sotterraneo nella vicina Vyshgorod (? n.d.t.) [...] Gli insediamenti sotterranei seguono le fortune della città di superficie: Ani viene distrutta nel 1064 (Selgiuchidi), ma dal 1199 al 1236 torna in mano armena con un periodo di grande fulgore, nel quale riprendono anche gli insediamenti sotterranei [...] Nel 1236 arrivano i Mongoli, alla fine del 1200 comincia la decadenza di Ani [...]'.

The underground sites of Ani are frequently mentioned, also in the recent literature, as a major element of the urban settlement framework. But from an examination of the whole literature one must first conclude that the only works based on original investigations are two: the one written by Orbeli (1910) and the other one wide and systematic of Kipshize (1915), with addenda of Tokarski. All subsequent works expressly or implicitly refer to them.

Nevertheless, assumptions and opinions on the role and function of hypogea have been accumulated leading to conclusions which sometimes are not substantiated by the observations of this mission.

Therefore, in order to discuss this important subject in details, it's better to prefix a critical rereading of the relevant assumptions appeared in literature.

4.1 The Kipshize scenario : a discussion

Firstly we will examine the text of Kipshize, actually prepared by Tokarski and published in 1972 by the Armenian Academy of Sciences in Erevan. In a short opening preface, B. N. Arakelyan briefly mentions the problem of the origins of Ani:

> *'In the tenth century, at the time of the great development of Ani, the troglodytic settlement in the tuff begins, giving rise to the underground area of the city. This could be called "Ani underground" but this was already the name of the underground route of the nearby Vyshgorod (? note of translator)... The underground settlements follow the fortunes of the city in surface: Ani was destroyed in 1064 (Selgiuchidi), but from 1199 to 1236 was back into Armenian hands. It was a period of great splendour, in which also the underground settlements set out again...In 1236 the Mongols came, at the end of 1200 the decline of Ani began...'.*

Fig. 4.1) Il settore Igazor A. L'insediamento sotterraneo è scavato sulle linea della rottura di pendio, pochi metri sopra il fondovalle.
The sector Igazor A. The underground settlement is dug on the line of the slope break, few meters above the bottom of the valley.

Nella introduzione generale dell'opera, poche pagine più avanti, Kipshize discute molto più a fondo il problema degli insediamenti, presentando ipotesi sulle origini che si discostano anche notevolmente da quelle di Arakelyan. Qui di seguito ne ripercorreremo nell'ordine alcuni punti salienti, che ci consentiranno di illustrare le varie problematiche inserendo di volta in volta quei commenti che ci paiono necessari per illustrare le conclusioni che riteniamo di poter trarre dalle indagini compite nel corso della missione 2004.

Per ciò che riguarda la collocazione degli insediamenti troviamo in Kipshize:

'La maggior parte delle caverne ancora esistenti è, in tutte le gole, ad una altezza dai 15 ai 30 metri, ma inizialmente sembra si trovassero quasi al livello dell'acqua'.

Riteniamo di poter escludere che l'attuale altezza degli insediamenti sia dovuta all'abbassamento del fondo valle a causa di erosioni fluviali. Lo sbocco del tunnel delle 'Porte Segrete' (Tsagkotsazor D/18: *supra*) dopo mille anni è rimasto praticamente al livello dell'attuale fondo valle, mostrando non solo che gli insediamenti all'epoca del fiorire di Ani erano già ben al di sopra di tale livello, ma anche che i tempi-scala dell'erosione sono ben maggiori dei tempi storici.

A nostro parere il motivo principale risiede nella naturale alta collocazione delle nude pareti rocciose nelle quali operare gli scavi. Né l'alta collocazione è sempre verificata: nel settore Igazor A troviamo ad esempio un insediamento ricavato nella parete rocciosa giusto prospiciente il fondo valle (Fig. 4.1). Non si può peraltro escludere che a tale motivazione si aggiungano talora altre finalità, quale quello della sicurezza che poté consigliare di rendere gli insediamenti non direttamente e rapidamente accessibili dal fondo valle. O anche quello di tenersi lontani da eventuali eccezionali piene dello Tsagkotsazor.

Per quello che riguarda la struttura degli insediamenti Kipshize riporta:

'Poche strutture a piani sono sopravvissute in tutte le vallate, e neanche sulla loro base si capisce quale era la disposizione reciproca. Erano l'una sull'altra come i moderni edifici a più piani? Comunicavano tra loro con passaggi interni e scale, o si disponevano l'una sull'altra con scale esterne come a Uplis-Tsih, città cavernicola vicino a Gori, nel governatorato di Tiblisi?'.

Pur apprezzando la prudenza di Kipshize, aggiungiamo che la topografia di molti locali sembra deporre decisamente a favore della seconda ipotesi. Mancano infatti precise testimonianze di un reticolo di passaggi interni che, per la sua collocazione, si sarebbe conservato pur a fronte della accentuata erosione delle pareti.

In the general introduction of the work, a few pages later, Kipshize discusses much more thoroughly the problem of the settlements, presenting hypothesis about the origins that deviate far too widely from those of Arakelyan. Now, in good order, we will go over a few salient points that allow us to illustrate the various problems, by including, each time, the comments we think necessary to illustrate the conclusions of our inquiries of the 2004 mission.

As for the location of the settlements, in the text of Kipshize we find:

'Most of the caves still existing are located at a height of 15- 30 meters, in all gorges, but in the beginning it seems they were almost at water level'.

We think we can exclude that the current height of the settlements is due to the lowering of the valley owing to the river erosions. After a thousand years, the exit of the tunnel, called 'Secret Doors' (Tsagkotsazor D/18: above) has almost remained at the current bottom of the valley, showing not only that the settlements were already far above that level at the time of the flourishing of Ani, but also that the times-scale of erosion are much longer than historical times.

In our opinion the main reason lies in the natural high location of bare rock faces in which carrying out the excavations. Neither is always verified the high position: in the A Igazor sector we find, for instance, a settlement excavated in the rock face, just overlooking the bottom of the valley (Fig. 4.1). However, we also have to consider other purposes in addition to this explanation, such as safety. For this aim settlements were not directly and quickly accessible from the bottom of the valley. Or even the purpose to keep away from any exceptional flood of the Tsagkotsazor stream.

With regard to the settlements structure Kipshize quotes:

'Few structures with more than one floor have survived in all the valleys, and even on the basis of them we can't understand, what their reciprocal arrangement was. Were they one on the other like the modern multi-storey buildings? Did they communicate through internal passages and stairways, or were them one on the other with external stairs like in Uplis-Tsih, troglodyte town near Gori, in the governorate of Tiblisi?'.

Although we appreciate the prudence of Kipshize, we add that the topography of many rooms seems to strongly testify in favour of the second hypothesis. Clear evidences of a network of internal passages are missing. It would have been preserved because of its location, also in spite of the accelerated erosion of the walls.

We take this opportunity to note that if one takes literally

Notiamo nell'occasione che, se si prende alla lettera la descrizione di Senofonte (vedi Introduzione), parrebbe che l'insediamento da questi descritto differisca strutturalmente da quelli di Ani e Uplis-Tsihh. Senofonte parla infatti di ingressi che sembrano bocche di pozzi, attraverso cui gli uomini scendono con scale. Tutti gli insediamenti di Ani hanno invece accessi al livello del suolo, sia pur di dimensioni in genere ridotte. Ma la descrizione di Senofonte potrebbe peraltro essere solo un artificio dialettico per trasmettere la visione di uomini che scendono scale intagliate nella roccia per introdursi negli esigui orifizi che costituiscono l'ingresso agli ambienti sotterranei. Da Senofonte ricaviamo peraltro la inattesa eventualità che alcuni accessi fossero particolarmente destinati al transito degli animali domestici.

Per quel che riguarda l'esiguità degli accessi, tipicamente alti circa 120 centimetri, possiamo avanzare diverse considerazioni. Premettiamo innanzitutto che in tutte le regioni del mondo a forti escursioni termiche, laddove la scarsa consistenza delle rocce lo consenta, sempre e da tempi antichissimi l'uomo ha trovato naturale rifugio nel sottosuolo. Basta infatti interporre pochi metri di roccia per ottenere ambienti sensibilmente termostatati, freschi d'estate e, quel che più conta, abitabili senza eccessive difficoltà anche nei più rigidi inverni. Questo è vero non solo nella relativamente vicina Cappadocia, ma anche in posti tra loro molto distanti, che vanno dagli insediamenti sotterranei della Tunisia a quelli della Cina[1].

Nel caso di Ani ci troviamo in una steppa caucasica, posta ad oltre 1.500 metri di altitudine, in cui da dicembre a tutto marzo le temperature minime si mantengono costantemente al di sotto di –30 gradi centigradi. In tali condizioni è facile concludere che gli insediamenti sotterranei rappresentavano, nelle più antiche fasi di popolamento, quasi l'unica concreta possibilità di sopravvivenza per uomini e animali domestici durante l'inverno.

Notiamo peraltro che anche l'evoluta Ani del 1000 d.C. è città che sopravvive agli inverni nevosi grazie a strutture semisotterranee e a camminamenti ipogei quali il Passaggio al Gran Bagno discusso nel precedente capitolo 3.4. In tale contesto la ristrettezza delle aperture negli insediamenti rupestri appare come una opportuna precauzione volta a minimizzare gli scambi termici con l'esterno. A ciò si può aggiungere che tale ristrettezza contribuiva forse talora anche a salvaguardare la *privacy* degli ambienti, obbligando ad entrarvi carponi come, d'altronde, si entra o si entrava ad esempio nelle tende degli indiani delle praterie d'America o negli *igloo* eschimesi.

Sull'origine del popolamento della zona Kipshize fornisce alcune rilevanti considerazioni, che qui riportiamo per essere riprese nelle nostre conclusioni finali:

'Nel 1904, sulla riva destra dello Tsagkotsazor, l'arcidiacono Smbat ha trovato un anello di rame in una tomba con resti di due scheletri. Marr dice

the Xenophon description (see Introduction), it seems that the settlement described by him differs structurally from those of Ani and Uplis-Tsihh. Xenophon in fact writes about entries that seem mouths of wells, through which men go down with stairs. On the contrary, all underground settlements of Ani have accesses located at the ground level, even if in generally they are small size. However the description of Xenophon could only be a dialectic artifice to convey the vision of men descending stairs carved on the rock to enter the underground structures through small openings. From Xenophon we also get the unexpected possibility that some accesses were particularly intended for the passage of domestic animals.

In regard to the small size of the accesses, typically about 120 centimetres tall, we can make different considerations. We want to state first that always and from very ancient times man has found a natural shelter in the subsoil, in the regions of the world with intense temperature range, where the lack of consistency of the rocks allows it . It's enough to interpose a few meters of rock to get significant stability of thermic excursions in the underground rooms, fresh in summer and, most importantly, livable even in the most hard winters, without too much difficulty. This is true not only for the fairly close Cappadocia, but also for very distant places, from the subterranean settlements in Tunisia to those of China[1].

In the case of Ani we are in a Caucasian steppe, located at an altitude of more than 1.500 meters, where, from the month of December to full March, the minimum temperature is always below -30 degrees Celsius. In these conditions it's easy to conclude that the underground settlements were, in the most ancient phases of population, almost the only real chance of survival for people and pets during the winter.

We also note that the developed Ani of the year 1000 AD is a city that survives to snowy winters thanks to the structures built half in the subsoil and to the underground walkways such as the Great Bath Passage discussed in the previous chapter 3.4. In this context, the narrow openings of the rocky settlements seem to be an appropriate precaution to reduce to the minimum thermal exchange with the outside. We can also add that sometimes the narrowness even helped to protect the privacy of the rooms, forcing people to enter on all fours, like, for instance, you enter or entered in the native Americans meadow- tents or in the Eskimos igloo,.

About the origin of the population of the area, Kipshize provides some important considerations, that we report here and in our final conclusions:

'In 1904, on the right bank of Tsagkotsazor, the archdeacon Smbat found a copper ring in a tomb with two skeletons remains. Marr declares that "probably the whole hill was used for burial; local Turks assert they have taken away the tombstones". We do not know what happened to the ring taken by

che "probabilmente tutta l'altura era usata per inumazioni; i turchi locali dicono di aver portato via le pietre tombali". Non si sa che fine abbia fatto l'anello preso dall'arcidiacono Smbat; sarebbe servito a datare alcune caverne.

Ci sembra che questi cimiteri siano di origine relativamente tarda, non prima del X secolo; essi però si trovano su un terreno con cimiteri più antichi, forse precristiani, sicché in essi si trovano tracce di tempi più antichi, tempi di Van o Urartu, e cioè tracce della tradizione più antica di sepoltura in grotte, come pensa Marr sulla base delle scritte rupestri di Van... Queste considerazioni non sono suffragate da dati archeologici certi, comunque è utile porre la questione per le prospettive che apre'.

Kipshize affronta poi il problema dei camminamenti sotterranei:

'Oltre alle strutture "architettoniche" citate prima, abbiamo anche i camminamenti sotterranei, cioè strade che mettono in comunicazione singole stanze di un dato complesso o un piano con un altro, oppure un complesso con un altro. Per esempio, il camminamento 0/4, che non è stato completato,

the archdeacon Smbat; it seems it was used to date some caves.

We believe that these cemeteries are of a quite late origin, not before the tenth century; nevertheless they are on a land with the oldest, perhaps pre-Christian cemeteries. In fact there are traces of more ancient times, Van or Urart times, that is traces of the more ancient tradition of burial into caves, how Marr believes on the basis of rupestrian inscription of Van ... These considerations are not supported by definite archaeological data. In any case it is useful to ask the question because of the prospects that it opens'.

Then Kipshize tackles the underground walkways problem:

'In addition to the "architectonic" structures mentioned before, we also have the underground walkways, namely roads that connect single rooms of a complex or a floor with another floor, or a complex with another complex. For example, the 0/4 walkway, which has not been completed, or has been filled. The walkways link the city with the gorges, so in event of danger (sieges, etc..), people

Fig. 4.2 bis) Resti del passaggio coperto che permetteva di raggiungere il Monastero delle Virgini sul canyon del'Ahurian (Arpa çay).
Remains of the covered passage that allowed to reach the Virgin Monastery on the Ahurian canyon (Arpa çay).

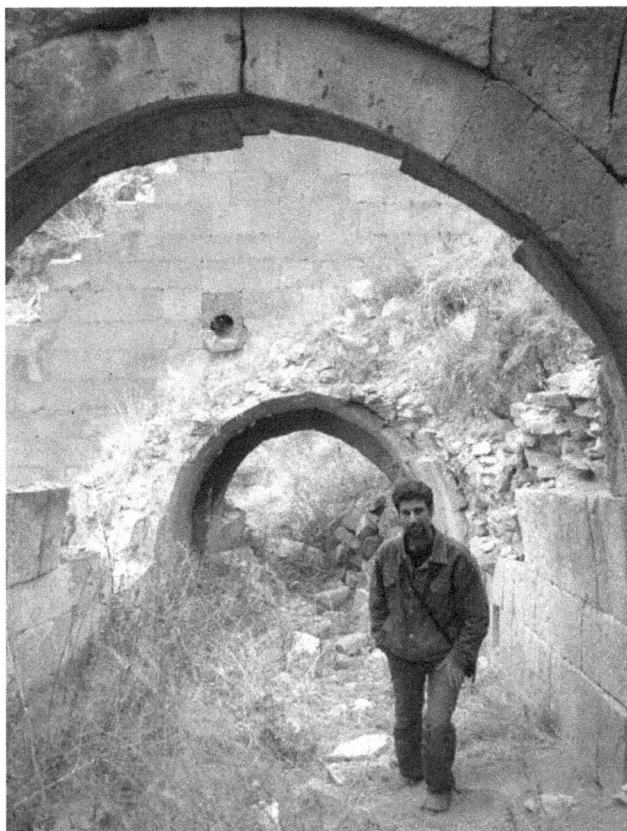

Fig. 4.2) Il camminamento, noto come 'tunnel delle Vergini'.
The covered passage known as 'Virgins tunnel'.

oppure si è riempito. I camminamenti mettevano in comunicazione la città con le gole, per cui nei momenti di pericolo (assedi, ecc.), si poteva fare rifornimento. Infine, alcuni camminamenti portano più lontano.

I camminamenti sono di solito di sezione rettangolare, raramente ad altezza d'uomo, sicché in genere bisogna andare chinati, o carponi o addirittura strisciare. In uno di essi (Ts.B/26) si trovano spaziose sale rotonde (vedi descrizione nella guida di ORBELI "Ani Sotterranea"). In un altro (Ah.F/26) c'è una spaziosa sala rettangolare con 4 colonne di sezione rettangolare al centro, che reggono il soffitto piatto; ci si può camminare appena chinati. Dalla sala esce un camminamento basso e stretto. Qua e là i camminamenti sono interrotti da punti più alti e tondi, dove ci si può raddrizzare; poi si restringono (Ah.F/26). Lungo le pareti di Ah.F/26 ci sono delle nicchiette, con dei depositi, probabilmente per lampade'.

Qui iniziamo ad inoltrarci in un terreno in cui le nostre opinioni cominciano a differire sostanzialmente dal quadro presentato da Kipshize. Questo autore tende a collegare tutti gli ipogei in un unico quadro, mancando l'evidenza che ben poco accomuna gli insediamenti rupestri con gli altri ipogei esistenti nella città murata. Un tale pregiudizio è in parte giustificato dall'uso di informazioni indirette e talora lacunose, quali quelle lasciate alla sua morte da

could lay in provisions.. Finally, some walkways bring further.

The walkways have usually rectangular section, seldom man-high, so it's usually necessary to walk bent down, or on all fours or even to crawl. In one of them (Ts.B/26) there are spacious round rooms (see description in the guide-book by ORBELI "Ani Underground"). In another (Ah.F/26) there is a large rectangular room with 4 columns of rectangular section in the centre, which support the flat ceiling; you can walk just bent down. From the hall comes a low, narrow walkway. Here and there the walkways are interrupted by points higher and round, where you can straighten; then they narrow (Ah.F/26). Along the walls of Ah.F/26 there are little niches, with deposits, probably for lamps'.

At this point our opinions begin to differ substantially *from the framework of Kipshize. The author tends to put all hypogean structures in a single framework but he doesn't state that very few features associate rural settlements with the other existing hypogea in the walled city. This prejudice is partly justified by the use of indirect and sometimes incomplete information, such as this from Kipshize,, collected and published by Tokarski 56 years later. By getting to the heart of the scenario we can briefly write:*

- *We do not know the existence of any network of underground 'streets' joining one settlement with several others. The O/4 walkway, mentioned by Kipshize, is surely an excavation interrupted during a late reuse of originals hypogea.*

- *There are only two walkways completely excavated in the subsoil which connect the city to the valleys: the 'Ghedan Ghyalmas' (see chapter 3.1), which purely had military tasks, and the 'Secret Doors' tunnel (Tsagkotsazor D/18) discussed before (chapter 3.3). Another link between the walled city and the surrounding valleys, such as the Monastery of the Virgin (chapter 3.3), is just partly built in the surface (Fig. 4.2). In any case, these walkways have characteristics that make them differ significantly from the tunnels located in rocky settlements.*

- *The interpretation of B/26, renamed B/28 ('Ani Underground': see chapter 3.2), as a walkway is wrong, and it's also wrong to define 'spacious round halls' the rooms of that quarry. So, the only underground structure preserved in a good state inside the walls remains the first hall of the lower Ghedan Ghyalmas structure (F/26 in chapter 3.1). This hall differs in both shape and size from any other underground room located in rocky settlements. It is difficult to determine the functions of that underground space: the low height also noted by Kipshize seems to preclude the use of it as room for living use. Perhaps was it a quarry, too? But the regular form would be a surprise.*

Kipshize e raccolte e pubblicate da Tokarski ben 56 anni dopo. Entrando nel merito dello scenario sopra riportato possiamo sinteticamente annotare:

▪ A nostra conoscenza non esiste un reticolo di 'strade' sotterranee che unisca tra loro insediamenti diversi. Il camminamento O/4, citato da Kipshize, è con ogni evidenza uno scavo interrotto nel corso di un tardo riutilizzo degli ipogei originali.

▪ Esistono solo due camminamenti interamente sotterranei che collegano la città alle valli: il 'Ghedan Ghyalmas' (vedi capitolo 3.1), che peraltro aveva funzioni prettamente militari, e quello indicato come tunnel delle 'Porte segrete' (Tsagkotsazor D/18) da noi discusso al capitolo 3.3. Un altro collegamento tra la città murata e le valli, quale quello del Monastero delle Vergini (capitolo 3.3), risulta in parte allo scoperto (fig. 4.2). In ogni caso questi camminamenti hanno caratteristiche che li differenziano nettamente dai cunicoli presenti negli insediamenti rupestri.

▪ L'interpretazione di B/26, rinominata B/28 ('Ani Sotterranea': cap. 3.2), come un camminamento è erronea, come erroneo è definire 'spaziose sale rotonde' gli ambienti di quella cava. L'unico ambiente sotterraneo all'interno delle mura in buono stato di conservazione resta dunque la sala iniziale del sistema inferiore di Ghedan Ghyalmas (F/26: cap. 3.1), sala che differisce per forma e dimensioni da qualunque altro sotterraneo si trovi negli insediamenti rupestri. Difficile stabilire le funzioni di tale ambiente: la bassa altezza notata anche da Kipshize sembra precluderne l'uso come locale per esseri umani. Forse anch'essa era una cava ? Ma stupirebbe la forma regolare.

▪ *The excavation of the 'low and narrow passage' that come up from the above-mentioned room was interrupted for unknown reasons. It could be the work of a late reuse, perhaps due to the changes made on the walls just in this area (see chapter 3.1 and the last paragraphs with final remarks).*

▪ *The 'higher and more round' points in the passages are a misappropriate generalization of the one of such points (between the curtain and the 'trap') located in the Ghedan Ghyalmas tunnel. In the same tunnel, the raising at the meeting point is obviously just a stratagem to guarantee the meeting itself.*

Finally, we will transcribe, for their importance, the whole general conclusions of Kipshize:

'One can imagine that a great many of Ani peoples were used to find shelter in them (in rocky settlement: author's note), in case of overpopulation in the city surface. It was no accident that later the buildings of the town were transferred outside the walls of Smbat. At the time of political and economical flourishing of Ani, at the time of Bagratidi in X-XI centuries, in the capital of the Shirak (i.e. Ani, author's note) an underground area was already existing along with the city of Ani, and it continued to exist even after the ruin of Ani in 1064, and remained a great trading, craft and industrial centre until the late Middle Ages.

Unfortunately we have not received historical data

Fig. 4.3) Le valli del Bagnayr e dello Tsagkotsazor viste dalla collina dell' Içkale. In primo piano il bordo occidentale del tavolato su cui sorgeva Ani. Sullo sfondo gli insediamenti rupestri scavati nelle pareti dei canyon.

View of the Bagnayr and Tsagkotsazor valleys from the Içkale hill. Foreground the western edge of the tableland where Ani was built. Background the rocky settlements dug on the canyon walls.

• Lo scavo del 'camminamento basso e stretto' che esce dalla sala precedente fu interrotto per ignote ragioni. Potrebbe essere opera di riutilizzo tardivo, forse riconducibile ai rimaneggiamenti che hanno subìto le mura esterne proprio in questa zona *(vedi capitolo 3.1 e ultimi paragrafi delle considerazioni finali)*.

• I punti 'più alti e più tondi' nei camminamenti sono una indebita generalizzazione dell'unico di tali punti (tra la cortina e la 'trappola') localizzato nel condotto Ghedan Ghyalmas. Nello stesso condotto l'innalzamento presso il punto d'incontro è palesemente solo un artifizio per garantire l'incontro stesso.

Per la loro rilevanza trascriviamo infine l'intera parte delle conclusioni generali dal testo introduttivo di Kipshize:

'Si può immaginare che una parte notevole della popolazione di Ani vi trovasse riparo in caso di sovrappopolazione della città di superficie. Non a caso in tempi più tardi le costruzioni cittadine si sono trasferite fuori dalle mura di Smbat. All'epoca della fioritura politica ed economica di Ani, al tempo dei Bagratidi nei secoli X-XI, nella capitale dello Shirak (cioè Ani, n.d.t.) già esisteva insieme alla città di superficie una Ani sotterranea, che ha continuato ad esistere anche dopo la rovina di Ani nel 1064, ed è rimasta un grosso centro commerciale, artigianale ed industriale fino alla fine del medioevo.

Purtroppo non abbiamo dati storici sulla Ani sotterranea da parte degli storici armeni. L'unico accenno lo troviamo presso uno storico georgiano a cavallo del XII e XIII secolo, autore anonimo della "Storia della Zarina Tamara". (regina della Georgia dal 1184 al 1207, n.d.t.). Questo autore descrive l'attacco ad Ani da parte del sultano di Ardebil (città del nord-ovest dell'Iran, n.d.t.) nella notte di Pasqua del 1211: il sultano è piombato su Ani, massacrando spietatamente 12.000 fedeli che pregavano nelle chiese. I cittadini, in preda al panico, cercavano rifugio dove potevano (citazione in georgiano): "chi scappava nel palazzo, chi nelle caverne", chiamate "kartun" (il testo è corrotto e poco chiaro).

Questo significa che nel XIII secolo le caverne[2] c'erano già, però non abbiamo dati su di esse, solo che gli abitanti della città di superficie vi trovavano rifugio. Comunque le caverne erano anche abitazione stabile di parte della popolazione di Ani, secondo la fondamentale opinione di Hanikaf, citato da Brosset: "*Ces excavations servaient jadis de demeures permanentes aux habitants d'Ani, non seulement en temps de guerre, comme plusieurs le pensent, mais aussi en temps de paix*" (Brosset M., Rapports sur un voyage archeologique dans la Georgie e l'Armenie executè en 1847-1848, St. Petersbourg 1849-1851, III, p. 142). Hanikaf basa la sua opinione sul fatto che in Armenia in alcuni luoghi c'è ancora gente che vive in caverne; a

on Ani underground from the Armenian historians. The only hint is by a Georgian historian, between the XII and XIII centuries, the anonymous author of 'History of Zarina Tamara' (Queen of Georgia from 1184 to 1207,n.o.t.). The author describes the attack to Ani by the Sultan of Ardebil (city of northwest Iran, n.o.t.) on the Easter night of 1211: the Sultan swooped on Ani, massacring pitilessly 12.000 believers who were praying in the churches. The people, panic-stricken, tried to find refuge where they could (quotation in Georgian language): "some escaped in the building, others in the caves", called "kartun" (the text is corrupt and unclear).

This means that in the thirteenth century, the caves[2] were already existing, but we do not have data on them, we only know that the inhabitants of the city surface found refuge there. However, the caves were also fixed homes of a part of the population of Ani, according to the essential opinion of Hanikaf, quoted by Brosset:

'Ces excavations servaient jadis de demeures permanentes aux habitants d'Ani, non seulement en temps de guerre, comme plusieurs le pensent, mais aussi en temps de paix' (Brosset M., Rapports sur un voyage archeologique dans la Georgie et l'Armenie executé en 1847-1848, St. Petersbourg 1849-1851, III, p. 142).

Hanikaf bases his opinion on the fact that in some places of Armenia there still are people living in caves; he too spent a night in the cave of the little village of Guirussi (?, in the text) in Karabak, because people had a better protection against the changes in temperature.

As for the difficult matter of the caves timing , we are powerless because of the complete absence of historical data. We can imagine two circumstances: not all the caves are contemporary or not all the rooms currently present in a certain complex are contemporary. Different parts of a cave may be built in different times, therefore a general dating is nonsense, only that one of individual groups or individual rooms could make sense.

Shortly before we have mentioned circumstances which may give clues on the timing of certain groups of caves. The comparison between these data and what has been preserved allow to place their appearance not before the beginning of the XI century. It is possible, however, that the caves, during this period, adapt to the architecture of Ani, and that they were already existing in pagan times. In particular, this can be supported by the copper ring found in 1904 in one of the tombs of the right bank of Tsagkotsazor.

lui stesso è capitato di pernottare nella caverna del paesello di Guirussi (?, nel testo) nel Karabak, perché gli abitanti si difendevano meglio dalle variazioni di temperatura.

Quanto alla difficile questione della datazione delle caverne, siamo impotenti per la completa assenza di dati storici. Possiamo ipotizzare due circostanze: non tutte le caverne sono contemporanee, oppure non tutti i locali presenti attualmente in un dato complesso sono contemporanei. Parti diverse di una caverna possono essere nate in tempi diversi, per cui una datazione generale non ha senso, solo quella di singoli gruppi o singole stanze.

Prima abbiamo accennato a circostanze che possono dare indizi sulla cronologia di alcuni gruppi di caverne. Il confronto di questi dati con quel che si è conservato permette di porre la loro comparsa non prima dell'inizio dell'XI secolo. È possibile tuttavia che le caverne in questo periodo si adeguino all'architettura di Ani, e che già esistessero in epoca pagana. In particolare, questo può essere suffragato dall'anello di rame ritrovato nel 1904 in una delle tombe della riva destra dello Tsagkotsazor.

Conclusioni:

I. Le caverne di Ani ci sono pervenute semidistrutte. Ci sono attualmente fino a 500 complessi e singoli locali. All'epoca della fioritura della città dovevano essere circa un migliaio.

II. Le caverne non avevano la destinazione casuale di servire da rifugio durante le invasioni, ma erano residenza permanente di una parte considerevole della popolazione di Ani. Era quindi una vera e propria città sotterranea, come Uplis-tsih in Georgia, vicino alla città di Gori nel governatorato di Tiblisi.
[.....]
IV. le caverne risalgono all'epoca pagana, ma in epoca cristiana, specie all'epoca dei Bagratidi (sec. IX-XI) furono adattate alla vita cristiana e acquisirono particolari dei monumenti di Ani superiore (specie le decorazioni)'.

Considerazioni preziose e largamente condivisibili, sulle quali torneremo nello stendere le nostre considerazioni finali, ribadendo che non sarebbe sorprendente scoprire che gli ipogei, perlomeno alcuni, siano retrodatabili a epoche anche molto remote. Ricordiamo ancora una volta la citazione di Senofonte (fine V secolo a.C.), riportata nella introduzione, o i possibili riferimenti alla civiltà Urartu.

4.2 Ani nella letteratura posteriore a Kipshize

La letteratura posteriore al testo di Kipshize si allontana dalla prudenza con cui tutto sommato questi aveva af-

Conclusions:

I. We have received the caves of Ani half destroyed. Currently, there are almost 500 complexes and single rooms. At the time of the city flowering they should have been about a thousand.

II. The caves were not randomly used as an underground refuge during the invasions, but they were permanent residence of a great many of the population of Ani. It was therefore a real underground city, such as Uplis-tsih in Georgia, near the town of Gori in the governorate of Tiblisi.

IV. The caves date back to the pagan era, but in the Christian era, especially at the Bagratidi time (IX-X centuries) they were adapted to Christian life and got details from the monuments of upper Ani (especially the decorations).

Valuable and widely shared considerations, which we will resume in our final comments, reiterate that it would not be surprising to discover that the hypogea, at least some of them, are antedating even to very remote ages. We remind once again the quotation of Xenophon (late fifth century BC), mentioned in the introduction, or possible references to Urartu civilization.

4.2 Ani in the literature subsequent to Kipshize's

The literature subsequent to the text of Kipshize strays from the prudence with which, all things considered, he has broached the subject. Such literature is briefly quoted mainly to warn the reader against some recurrent, hardly provable statements. Armen Zarian in 1988, referring to rocky settlements, correctly recognizes that:

> *'This urban cluster had definitely not a defensive purpose, since the caves are open towards the valley and are therefore vulnerable'.*

immediately after he adds:

> *'Ani is then built on two floors and the underground structure, so vast and complex, has to be intended as built to serve the upper city'.*

forgetting to note, in our opinion, that the walled city is on the plateau and the underground settlements are located in another place, along the valleys. Only on the south-eastern slope of Ahurian (A, B, C, D, E areas) the hypogea are located within the hypothetical perimeter of the last walls, the one attributed to the Mongolian age by Kevorkian. So, they too, originally, were outside the primitive Armenian walls.

He adds again, always referring to hypogea:

> *'These houses probably belonged to the families of those people in charge of services in the urban*

frontato l'argomento e viene qui brevemente richiamata essenzialmente per mettere in guardia il lettore da alcune ricorrenti, ma difficilmente provabili affermazioni. Armen Zarian nel 1988, riferendosi agli insediamenti rupestri, riconosce correttamente che:

'Questo aggregato urbano non aveva certamente uno scopo difensivo, poiché le grotte risultano aperte verso valle e sono dunque vulnerabili'.

aggiungendo peraltro subito dopo:

'Ani è quindi costruita su due piani e l'impianto sotterraneo, così vasto e complesso, deve intendersi costruito al servizio della città superiore'.

scordando di notare, a nostro modo di vedere, che la città murata si colloca sul tavolato e gli insediamenti sotterranei sono ubicati da tutt'altra parte, lungo le valli. Soltanto sul versante sud-orientale dell'Ahurian (settori A, B, C, D, E) gli ipogei risultano collocati all'interno dell'ipotetico tracciato dell'ultima cinta muraria, quella attribuita a epoca mongola da Kevorkian. Dunque, anch'essi, in origine, erano esterni alle primitive mura armene.

subsoil of Ani (?)... In conclusion, the urban underground structure of Ani is closely connected to that in surface'.

This statement seems hardly defensible. This point is resumed by Kevorkian who in 2001 writes (it is not clear on which basis):

'Pour autant que l'on puisse en juger d'après les observations faites par la mission Marr, ce sont des populations de toutes les classes sociales d'Ani que habitaient cette partie rupestre de la ville, en particulier les ouvriers municipaux et certaines catégories de serviteurs, soit quelques milliers de personnes'.

Curiously the same author, bent now on propagandizing the idea of Ani as a huge metropolis extended well beyond the walls, writes in the same year:

'Signalons en premier lieu toute la partie souterraine d'Ani, à laquelle on accédait le plus souvet par le differents vallons entourant la ville fortifiée, dont l'exploration a montré qu'elle n'abritait pas que des misérables, loin s'en faut'.

Fig. 4.4) Il canyon del fiume Ahurian visto dal Monastero delle Vergini. Le rocce chiare che si intravedono nel pendio sullo sfondo corrispondono a altrettanti insediamenti rupestri.

The Ahurian river canyon: view from the Virgins Monastery. The pale rocks perceived on the slope in the background coincide to as many rocky settlements.

Aggiunge ancora, sempre riferendosi agli ipogei:

'Queste abitazioni appartenevano probabilmente alle famiglie di coloro che erano addetti ai lavori di servizio urbano nel sottosuolo di Ani (?)... In conclusione la struttura urbana sotterranea di Ani è strettamente collegata con quella in soprassuolo'.

affermazione, quest'ultima, che appare ben difficilmente difendibile. L'argomento viene ripreso da Kevorkian che nel 2001 scrive, non è chiaro su quali basi:

Pour autant que l'on puisse en juger d'après les observations faites par la mission Marr, ce sont des populations de toutes les classes sociales d'Ani que habitaient cette partie rupestre de la ville, en particulier les ouvriers municipaux et certaines catégories de serviteurs, soit quelques milliers de personnes'.

Curiosamente lo stesso autore, teso ora a propagandare l'idea di Ani come enorme metropoli estesa ben al di là delle mura, scrive peraltro nello stesso anno:

'Signalons en premier lieu toute la partie souterraine d'Ani, à laquelle on accédait le plus souvet par le differents vallons entourant la ville fortifiée, dont l'exploration a montré qu'elle n'abritait pas que des misérables, loin s'en faut'.

Finally, we mention the Web site that, quoting an article of Mouradian of 1966, literally states:

'As the city (Ani) grew, the planners were also building an underground Ani in case of siege, and the remains of it bear witness to the existence of hundreds of houses, stores, food shops, tombs and monasteries, chapels, mills, stables, and reservoirs'.

We conclude that the investigations of Kipshize, in the end, have roused a set of free interpretations that have brought nothing of very new in the scenario discussed in the previous point except some hypothesis little respectful of the evidences gathered in this field.

4.3 Interpretative assumptions: rocky settlements

We can finally quote the different findings reported up to now, connecting them in an attempt to give a description as much as possible exhaustive about history and role of Ani underground.

The first point that seems to emerge very clearly is that **there is not and there's never been an Ani underground,** *at least in the sense of underground spaces connected together and integrated with the fabric of the city in the surface[3]. The misunderstanding is largely due to the*

Fig. 4.5) Le 'porte-macine' erano tipici dispositivi difensifi diffusissimi negli insediamenti sotterranei della **Cappadocia (Anatolia centrale)**, totalmente assenti nelle strutture rupestri di Ani.

Cappadocia (central Anatolia): *the millstone-doors were typical defensive devices present in the underground settlements of that region. They are totally missing inside the rocky structures of Ani.*

Segnaliamo infine il sito WEB che, riportando un articolo di Mouradian del 1966, testualmente recita:

'As the city (Ani) grew, the planners were also building an underground Ani in case of siege, and the remains of it bear witness to the existence of hundreds of houses, stores, food shops, tombs and monasteries, chapels, mills, stables, and reservoirs'.

Ne concludiamo che le indagini di Kipshize hanno finito con lo stimolare tutta una serie di libere interpretazioni che nulla hanno apportato di concretamente nuovo allo scenario discusso nel punto precedente se non alcune ipotesi poco rispettose delle evidenze raccolte sul campo.

4.3 Ipotesi interpretative: insediamenti rupestri

Possiamo infine richiamare le varie risultanze sin qui riportate, collegandole nel tentativo di formare un quadro per quanto possibile esauriente della storia e del ruolo dei sotterranei di Ani.

Un primo punto che sembra emergere con grande chiarezza è che **non esiste e non è mai esistita una Ani sotterranea**, almeno nel senso di ambienti sotterranei che si compenetrino e si integrino con il tessuto urbano di superficie[3]. L'equivoco è in larga parte dovuto all'entusiasmo che ha guidato alcune descrizioni della città, ma anche alla errata assunzione che l'ipogeo Tsagkotsazor B/28 (non a caso denominata dai nostri predecessori 'Ani sotterranea') fosse assimilabile ad un grande ambiente adibito ad un qualche uso sociale, cosa che di fatto non è. Restiamo quindi con l'evidenza di una città di superficie, eretta sul tavolato roccioso, e di una serie di insediamenti rupestri sparsi per le vallate circostanti, talora anche a distanza non indifferente dalla città stessa.

Come sottolineato da Kipshize le fonti storiche sugli insediamenti sono praticamente nulle. Dobbiamo però ricordare che vi sono abbondanti testimonianze di una antichissima frequentazione dei luoghi. A quanto già riportato all'inizio di questa relazione aggiungiamo ora la presenza in loco di tumuli funerari attribuibili all'VIII-VII secolo a.C.[4]

Non sorprendentemente, l'insediamento urbano edificato in superficie è molto più recente: nel V secolo d.C. i cronisti armeni Yeghishe e Ghazar Perpetsi riportano la presenza ad Ani solo di un imprendibile castello localizzato sulla cittadella, in possesso della potente famiglia dei Kamsarakans (Nazaryan 1997). E tale rimase probabilmente la situazione sino a quando nel IX secolo il castello fu acquistato dal potente Ashot Bagratouni.

L'urbanizzazione del tavolato con edifici in muratura è dunque relativamente recente, e appare possibile, se non probabile, che le strutture rupestri rappresentino in realtà l'originale forma insediativa delle genti che pur devono

enthusiasm that has guided some descriptions of the city, but also to the erroneous assumption that the hypogeum of Tsagkotsazor B/28 (It's no accident that our predecessors referred to it as 'Ani underground') was similar to a large underground area dedicated to some social use, which actually is not. We have therefore the evidence of a surface city, built on the rocky plateau, and a series of rocky settlements scattered throughout the surrounding valleys, sometimes even at significant distance from the city itself.

As pointed out by Kipshize the historical sources on underground settlements are virtually useless.. But we have to remember that there are abundant evidences of a very ancient frequentation of these places. As already reported at the begin of this report we add now the presence in loco of burial mounds dating from VIII-VII centuries AC[4]. Not surprisingly, the surface settlement built in urban area is much more recent: in the fifth century AD the Armenian reporters Yeghishe and Ghazir Perpetsi show the presence in Ani of just an impregnable castle located on the citadel, in possession of the powerful family of Kamsarakans (Nazaryan 1997). And that was probably the situation until the castle was bought by the powerful Ashot Bagratouni in the ninth century.

Therefore, the urbanization of the plateau with masonry buildings is relatively recent, and it seems possible, if not likely, that the rocky structures represent the original settlement form of people that must have inhabited the area. In that case the walled city would have been superimposed to the existing rural underground settlements, ending up by biasing and changing the fabric of society on which the settlements were organized. In this scenario, any attempt of dating the rocky settlements appears uncertain, and we can only say that these settlements might be, and probably are much more ancient than the city.

It remains however a fact that the underground complexes have no weight in terms of protection or refuge, as widely demonstrated by the evident absence of any system of defence, such as the 'mill-door, whereas they are widespread in the Cappadocian hypogea (Fig. 4.5), some of which are organized as real fortresses. In the rocky structures of Ani there are not even fragments of these devices and, supposing that the mobile part had been removed at the time of the abandonment of settlements, even so there are no fixed elements referring to them (control room, pillars, slabs for confirmation). On the contrary, leaves and joints carved on the rocky walls of the rocky rooms are widespread, they imply the use of wooden doors (by this time missing) (Fig. 4.6).

During the ages of rocky cities/structures coexistence, the last were therefore less protected and more exposed to enemy raids because not even defended by the powerful city walls. It is actually probable that in event of siege the 'troglodyte' inhabitants used to retired in the walled city. There was not a sort of subordination because the rocky structures were dwellings (with more rural vocation) or

aver popolato quella zona. In tale ipotesi la città murata sarebbe venuta a sovrapporsi ai preesistenti insediamenti rurali ipogei, finendo naturalmente con l'influenzare e modificare il tessuto sociale sul quale gli insediamenti stessi si reggevano. In tale scenario, ogni tentativo di datazione degli insediamenti rupestri appare aleatorio, e si può solo affermare che tali insediamenti potrebbero essere, e forse probabilmente sono, molto più antichi della città.

Resta peraltro assodato che i complessi sotterranei non hanno nessuna valenza di protezione o rifugio, come ampiamente testimoniato dalla palese assenza di un qualunque sistema di difesa, quali, ad esempio, le 'porte-macina', viceversa molto diffuse negli ipogei cappadoci (Fig. 4.5), alcuni dei quali organizzati come vere e proprie fortezze. Nelle strutture rupestri di Ani non vi sono neppure frammenti di tali dispositivi e, nella ipotesi che la parte mobile possa essere stata asportata all'abbandono degli insediamenti, neppure esistono gli elementi fissi riconducibili ad essi (camere di manovra, pilastri, lastre di riscontro). Viceversa, sono diffusi battenti e incastri scolpiti nelle pareti di roccia dei vani rupestri che presuppongono l'uso di porte di legno (scomparse) (fig. 4.6).

Nei periodi di coesistenza città/strutture rupestri, queste ultime erano dunque le meno protette e più esposte a incursioni nemiche in quanto neppure difese dalle possenti mura cittadine. É anzi probabile che in caso di assedio fossero gli inquilini 'trogloditici' a ritirarsi nella città murata. Non esisteva dunque una sorta di subordinazione in quanto le strutture rupestri erano abitazioni (con vocazione più rurale) o complessi religiosi, con le relative infrastrutture, alla stregua di quelli costruiti *intra muros* e, in quanto tali, potevano anche contribuire alle normali attività della città. Soltanto in questo senso riteniamo si possa parlare di corrispondenza tra i due livelli di urbanizzazione.

Dunque è più corretto parlare di una 'Ani rupestre', che potremmo appunto anche definire 'rurale', limitata agli insediamenti sotterranei sparpagliate lungo le pendici dei valloni, corrispondenti ai settori così come correttamente determinati da Kipshize nel 1915, costituenti unità autonome, non in connessione per vie interne le une con le altre, né con la città edificata. Ciascuna unità probabilmente corrispondeva a singoli nuclei parentali o monastici.

La presenza della cava denominata 'Ani sotterranea' aggiunge a tale scenario un tantalizzante enigma, collegato alla natura ed alla utilizzazione del materiale cavato. La Fig. 4.7 mostra con grande chiarezza come il materiale estratto nello strato inferiore consistesse in scorie vulcaniche biancastre, frammiste ad una notevole quantità di ciottoli di ossidiana. Al di sopra è evidente un deposito di rocce vulcaniche rossastre. Uno strato di rocce scure, non interessato da interventi antropici, forma il tetto della cavità.

La prima ipotesi che si affaccia spontaneamente alla mente è quella di trovarsi in presenza di una cava di ossidiana. Tale ipotesi porterebbe verso tempi neolitici, con una atti-

Fig. 4.6) Sede di una porta nell'insediamento rupestre O/13.
A door frame inside the rocky settlement O/13.

religious complexes, along with their infrastructures, like those built inside the walls. As such, they could also contribute to the normal activities of the city. Only in this sense we can speak of correspondence between the two levels of urbanization.

So it is more correct to speak of a 'rocky Ani', that we could also define 'rural', limited to underground settlements scattered along the valleys slopes, corresponding to the sectors correctly fixed by Kipshize in 1915: autonomous units, not in connection to each other by internal roads, nor to the city built in surface. Each unit probably was coinciding with single family units or monastic communities.

The presence of the quarry known as 'Ani underground' adds to that scenario a tantalizing enigma , related to the nature and utilization of the extracted material. Figure 4.7 shows very clearly how the material extracted in the lower layer consisted in whitish volcanic scoriaes, mixed together with a lot of dark obsidian pebbles. Above it there is a deposit of reddish volcanic rocks. A layer of dark rocks, not affected by human activities, is the roof of the cavity.

The first hypothesis flashing spontaneously through one's mind is of being in presence of a quarry of obsidian. Such assumption would lead to Neolithic times, with a mining activity that would be presumably much earlier not only than the birth of the city but probably than the birth of rocky settlements[5]. But one can not rule out that

vità estrattiva che presumibilmente precederebbe di molto non solo la nascita della città ma probabilmente anche quella degli insediamenti rupestri[5]. Ma non si può peraltro escludere che il materiale cavato fossero le scorie, da utilizzarsi come componente di materiali cementizi: in tal caso la cava sarebbe probabilmente coeva alla costruzione della città.

Esiste infine una terza possibilità, forse la più probabile. Lilith Zakarian (2001), nel capitolo 'Art e artisanat d'une ville de l'an mil', facendo riferimento alla lavorazione del vetro scrive:

'...s'agit-til de pièces fabriqées localement ou de produits d'importation? Disons tout d'abord que l'Arménie possédait la matière première nécessaire à la fabrication du verre, le sable quartzeux'.

Noi possiamo ora aggiungere che Ani custodiva nella cava ipogea molto di più di un deposito di sabbie quarzifere, possedeva addirittura una miniera di vetro, rappresentata appunto dalle intrusioni di ossidiana.

Dobbiamo infine ancora esaminare la già citata evidenza di un rozzo riutilizzo di ambienti sotterranei originariamente ricavati con grande perizia progettuale, non scevra di rilevanti impostazioni architettoniche, quali abbiamo osservato ad esempio nella piccionaia Tsagkotsazor O/13a.

L'ipotesi che qui si avanza, e che appare adeguata a rendere ragione delle osservazioni, è che le valli abbiano offerto terreno per coltivazioni orticole e un ambiente relativamente riparato dai gelidi e violenti venti invernali in cui, in epoca imprecisabile, venne ad installarsi una popolazione già abituata ed esperta nel vivere sottoterra e che, solo grazie a tale esperienza, vi poté non solo sopravvivere ma anche prosperare. Prosperità che è testimoniata dall'intensità e dalla diffusione degli insediamenti. Le dimensioni degli insediamenti sembrano indicare che probabilmente ciascuno di tali insediamenti ospitava più o meno estesi clan familiari.

Tale sistema andò probabilmente in crisi al crollo ed al conseguente abbandono della città murata. A tale periodo deve probabilmente essere attribuita l'interruzione nello scavo di cunicoli osservabile, ad esempio, nei sistemi O e F. Andò in crisi, ma non scomparve: dal testo di Kipishize già riportato stralciamo l'importante informazione secondo la quale l'Ani rupestre

'ha continuato ad esistere anche dopo la rovina di Ani nel 1064, ed è rimasta un grosso centro commerciale, artigianale ed industriale fino alla fine del medioevo'.

Non è difficile immaginare il successivo lento degrado attraverso i secoli, il progressivo abbandono, l'occupazione da parte di nuovi improvvisati abitanti, i rozzi rimaneggiamenti... Il già citato Villari nella sua relazione sui villaggi rupestri prosegue con queste tristi parole:

the material extracted was slag, used as a component of cementation material, in which case the quarry would probably be coeval to the construction of the city.

Finally, there is a third possibility, perhaps the most likely. Lilith Zakarian (2001), in the chapter 'Art and artisanat d'une ville de l'an mil', referring to the glass production writes:

'...s'agit-til de pièces fabriqées localement ou de produits d'importation? Disons tout d'abord que l'Arménie possédait la matière première nécessaire à la fabrication du verre, le sable quartzeux'.

We can now add that Ani was keeping in the subterranean quarry much more than a deposit of quartziferous sand, it was even in possess of a mine of glass, just shown by the intrusions of obsidian.

Finally, we must consider the aforementioned evidence of a rough reuse of underground structures originally made with a great design expert evidence, not free of significant architectural settings, as we have seen for example in pigeon-loft in the sector Tsagkotsazor O/13a.

The hypothesis advanced here, that seems to agree with the observations, is that the valleys offered land for horticultural cultivation and an environment quite free from the cold and violent winter winds. Here, at an indeterminable time, a population already accustomed and experienced in living underground settled down. Through this experience, they could not only survive but also thrive. Prosperity testified by the intensity and spread of

Fig. 4.7) Pilastro 'campione' da cui risulta evidente la natura del deposito coltivato nella cava.
'Sample' of pillar by which it result evident the kind of the deposit exploitable from the quarry.

73

Fig. 4.9) La valle degli Orti (Bostan deresi) vista dallo sbocco dell'omonimo tunnel che, dalla città murata, ubicata sul tavolato, raggiunge il fondo valle. Sulle pareti verticale del pendio opposto si notano innumerevoli insediamenti rupestri.

View of the Orchard valley (Bostan deresi) from the mouth of the homonymous tunnel that, from the walled citty, located on the tableland, reachs the bottom of the valley. On the vertical walls of the opposite slope we note innumerable rocky settlements.

'The dirt, the poverty, and barbarism were incredible. These Troglodytes were both Armenians and Tartars; I have seldom met with more wretched specimens of either race. On the plain beyond the double wall, at some distance from the deserted city, is a small village, also called Ani, inhabited by Tartars, but of a superior type. They were very friendly and courteous...'.

Se ne trae la conclusione che all'inizio del XX secolo, poco prima del definitivo abbandono, gli insediamenti rupestri erano ormai divenuti il rifugio di gente diseredata ed emarginata, che traeva un magro sostentamento forse da marginali forme di agricoltura e pastorizia. E questo spiega certamente tutti i grossolani interventi.

Un'altra enigmatica evidenza è fornita dalla sospetta presenza di antichi *qanat* sulla piana antistante le porta della città, quale suggerita dalle tracce di pozzi obliterati discusse nel capitolo precedente. Se confermata, tale presenza non desterebbe grande meraviglia, essendo tale tecnica di emungimento delle falde ben nota ed attestata in una vasta area che, nelle regioni di nostro interesse, va dall'Iran sino alle sponde del Mar Nero.

Comunemente si ritiene che la tecnica abbia avuto origine, certamente in data non posteriore alla prima metà del I millennio a.C., proprio in Iran, ove ha raggiunto un eccezionale sviluppo e continua tutt'oggi ad essere intensamente utilizzata. A livello di pura ipotesi, i *qanat* potrebbero pertanto risalire all'epoca di occupazione sasanide (III-VII secolo d.C.) testimoniata dal Tempio del Fuoco di cui abbiamo già dato notizia.

4.4 Ipotesi interpretative: le strutture ipogee della città

Avendo già discusso il caso 'Ani Sotterranea', le strutture ipogee aventi stretta e diretta relazione con la città si riducono al più a tre: il Passaggio al Gran Bagno (PB); il Tunnel degli Orti (D/18) e il Camminamento Ghedan Ghyalmas (F/26). In realtà il primo di questi è da considerarsi struttura di categoria a parte rispetto a quelle sotterranee in senso stretto, in quanto costruita e non scavata nel sottosuolo, a servizio di due edifici cittadini (collegamento tra palazzo signorile e bagni pubblici). Notiamo qui solamente come quest'opera dia una diretta testimonianza delle

settlements. The size of settlements suggests that probably each of them housed more or less large family clan.

This system was likely in crisis at the collapse and at the subsequent abandonment of the walled city. The visible interruption of the excavation of tunnels could be attributed to that period, for example, on systems O and F. It was in crisis, but it did not disappear: from the text of Kipishize, already shown, we can take out the important information that the rocky Ani

'had continued to exist even after the decadence of Ani in 1064, and remained a great commercial, craft and industrial centre until the late Middle Ages'.

It is not difficult to imagine the subsequent slow decline through the centuries, the gradual abandonment, the occupation by unexpected new dwellers, the rough reshaping ... The already mentioned Villari in its report about the rocky villages continues with these sad words:

'The dirt, the poverty, and barbarism were incredible. These Troglodytes were both Armenians and Tartars; I have seldom met with more wretched specimens of either race. On the plain beyond the double wall, at some distance from the deserted city, is a small village, also called Ani, inhabited by Tartars, but of a superior type. They were very friendly and courteous...'.

One may conclude that at the beginning of the twentieth century, just before the final abandonment, the rocky settlements had become a refuge for dispossessed and marginalized people, which perhaps lived off marginal forms of agriculture and sheep-farming. And this certainly explains all the coarse interventions.

Another enigmatic evidence is provided by the suspected presence of ancient qanat on the flat fields in front of the city door, as suggested by traces of occluded wells discussed in the previous chapter. If confirmed, it does not arouse great surprise, since this technique of collecting groundwater was well known and attested in a vast area that, in the regions of our interest, goes up from Iran to the shores of the Black Sea.

difficilissime condizioni climatiche in cui si svolgeva la vita di Ani nell'inverno.

Opera sotterranea in senso stretto è invece il Tunnel degli Orti (o delle Porte Segrete, vedi cap. 3.3) che si presenta senza dubbio come un passaggio al servizio della città murata. Kipshize suppone che tale passaggio fosse destinato a garantire il raggiungimento della valle (fig. 4.9) e il rifornimento di acqua in caso di assedio.

Ripetiamo qui che l'ampiezza del condotto e l'assenza di opere di difesa al suo interno come al suo largo sbocco nella valle dello Tsagkotsagor mal si adattano, a nostro parere, a tale ipotesi. Pare infatti improbabile che si lasciasse un possibile nemico libero di risalire il vasto tunnel sino a raggiungere eventuali difese giusto in contiguità della città. Molto più semplicemente si può pensare invece ad un'opera di pace, volta a garantire l'accesso al fondo valle durante la rigidissima stagione invernale, superando i problemi provocati non solo dal freddo, dalle copiose nevicate e dal ghiaccio, ma anche dalle improvvise tempeste di sabbia in ogni altra stagione.

Ben più problematico è il caso del tunnel Ghedan Ghyalmas. Dalle caratteristiche a suo tempo discusse non pare possibile sfuggire alla conclusione che si tratti di un camminamento volto a consentire l'uscita di singoli uomini, o al più di piccolissimi gruppi. Ma uscire da dove? Con tutta evidenza lo sbocco del tunnel si pone all'interno delle mura. Se ne deve concludere che il tunnel fa riferimento

Commonly it is believed that the technique originated at a date for certain not later than the first half millennium BC, in Iran, where it reached an exceptional development and nowadays it continues to be intensely used. In terms of pure hypothesis, the qanat *could therefore date back to the time of occupation of Sassanid Empire (III-VII centuries AD) witnessed by the Temple of Fire, which we have already mentioned.*

4.4 Interpretative assumptions: the underground structures of the city

Having already discussed the 'Ani Underground' case, the underground structures with close and direct relationship with the city are at the very most three: the passage to the Great Bath (PB), the Orchard Tunnel (D/18) and the Ghedan Ghyalmas tunnel (F/26). In fact, the first structure is considered a category apart compared with the underground structures in the strict sense, since built and not dug in the subsoil, at the service of two urban buildings (connection between lord-building and public baths). We only note here how this work gives a direct witness to the difficult climatic conditions in which the life of Ani went on in winter.

While the Orchard Tunnel (or 'Secret Doors', see chap. 3.3) is an underground work in a strict sense. It is surely a passage at the service of the walled city. Kipshize assumes that this passage was intended to ensure the reaching of the valley (fig. 4.9) and the supply of water in event

Fig. 4.10.a) L'ingresso del tunnel Ghedan Ghyalmas.
The entrance of the tunnel Ghedan Ghyalmas.

Fig. 4.10) La posterla di Aryuz, nei pressi del tunnel Ghedan.
The postern of Aryuz, near the tunnel Ghedan.

valle del Gaylezor

A/3

A/2

A/1

m 0   10   20

5   15   25

N

posterla d'Aryuz

1

9

cunicolo inferiore

2

camera

7

3

cortina

cunicolo superiore

4

8

trappola

bivio 5

6
pozzo

3

2

chiesa di S. Grigor

2   cinta muraria più antica   8   raccordo tra i livelli

3   cortina più recente   9   cunicolo inferiore

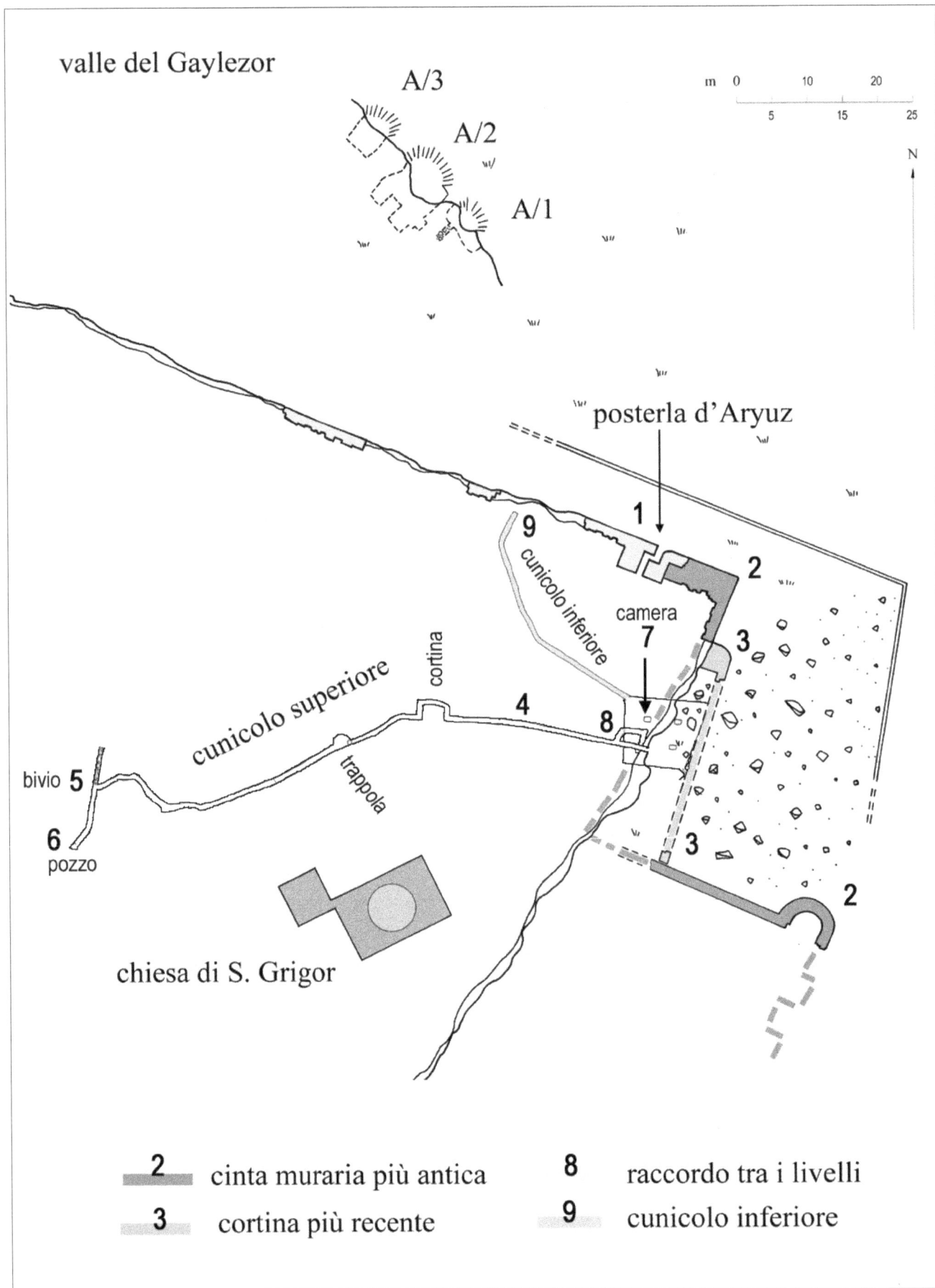

Fig. 4.11) Collocazione topografica del tunnel Ghedan Ghyalmas rispetto alla falesia e alle opere della cinta muraria. Il tratteggio segnala il percorso presunto delle mura scomparse (grafica R. Bixio, 2004)

Topographical location of the tunel Ghedan Ghyalmas related to the cliff and to the wall enceinte buildings. The broken line indicates the presumed track of missed walls (drawing R. Bixio, 2004).

Fig. 4.13) La 'trappola' dispositivo per la difesa del camminamento Ghedan Ghyalmas. Simulazione fantasiosa di una incursione nemica. Era sufficiente un solo difensore, armato di lancia o di una semplice mazza, per fermare l'intruso che già arrivava sotto il pozzetto in condizioni precarie a causa delle esigue dimensioni del cunicolo (grafica R. Bixio).

The 'trap', defensive device of the tunnel Ghedan Ghyalmas. Imaginative reconstruction of an enemy raid. Only one defender, armed by a lance or a mere club, was enough to stop the intruder who already arrived under the little shaft in insecure conditions owing to the small sizes of the tunnel (drawing by R. Bixio).

ad una situazione preesistente all'erezione di quelle mura, situazione che peraltro non conosciamo e che non è nelle nostre competenze ipotizzare o ricostruire. Né vi sono elementi che ci consentano di stabilire con sicurezza una qualche cronologia.

Come mostrato nelle Figure 4.11 e 4.12, notiamo peraltro che il tunnel superava il profilo della falesia e quindi anche una prima cinta muraria, oggi in parte scomparsa. La camera, abitazione o cava che fosse, era esterna alla prima cinta muraria ed era accessibile da un suo ingresso indipendente. Quindi il tunnel potrebbe essere coevo a tali mura.

In un secondo tempo è stata sicuramente aggiunta una cortina muraria più avanzata. Tale cortina, oggi in gran parte scomparsa ma ben leggibile, aveva inglobato l'imbocco del Ghedan e, nello stesso tempo, aveva occluso l'ingresso della camera. Questo fatto rendeva necessario scavare il raccordo dal tunnel per mantenere la camera accessibile. Forse a questo episodio è legato anche l'inizio dello scavo del cunicolo inferiore, rimasto incompiuto (per dare un nuovo sbocco al Ghedan?).

Vogliamo infine solo notare come gli elementi difensivi

of siege. We repeat that the extent of the tunnel and the absence of defensive works both inside and in its wide outlet in the valley of Tsagkotsagor are in contradiction, in our opinion, with that hypothesis. It appears unlikely that one could leave an enemy free to trace the vast tunnel and reach any defence just in contiguity of the city.

Merely, we might consider it as a peace work ensuring access to the bottom of the valley during the rigid winter season, getting over the problems caused not only by cold, abundant snow and ice, but also by sudden storms of sand in any other season.

Much more problematic is the case of the tunnel named Ghedan Ghyalmas. From the examined characteristics it does not seem possible to escape the conclusion that this is a walkway for the exit of individual men, or at the most of small groups. But exit from where? Clearly the tunnel outlet is inside the walls. Therefore the tunnel refers to a time before the building of the walls. We don't know the situation of that time and it is not our competence to assume or rebuild it. Neither are there elements to establish some chronology with certainty.

As shown in Figures 4.11 and 4.12, we also note that

posti in essere, sebbene per alcuni versi analoghi a quelli della Cappadocia, ne differiscano sensibilmente nella realizzazione pratica. La difesa realizzata con la 'trappola', concretizzata con l'esempio di Fig. 4.13, obbedisce infatti al criterio generale di bloccare l'estraneo indesiderato ponendolo in condizioni di estrema vulnerabilità e a diretta portata delle offese dei difensori.

La soluzione cappadoce consisteva invece principalmente nelle porte-macina (fig. 4.5), pur esistendo anche trappole sia verticali (pozzetti) che orizzontali (strozzature).

Dobbiamo però osservare una fondamentale differenza tra i due casi: in Cappadocia si doveva bloccare e difendere condotti di maggior altezza, altrimenti e normalmente adibiti al passaggio di uomini ed animali, passaggio che la soluzione di Ani, per l'altezza ridotta, avrebbe reso estremamente lungo e faticoso se non impossibile. A conferma, se ve ne fosse bisogno, che il camminamento Ghedan Ghyalmas è opera militare, probabilmente segreta, e di uso occasionale.

Tra i problemi che restano insoluti vi è infine il tragitto e la funzione originale del tunnel trasversale che partendo dalla base del pozzo oggi prosegue sino ad interrarsi. L'identificazione e la riapertura del pozzo stesso potrebbe consentire di procedere alla rimozione degli interramenti, consentendo l'esplorazione di un'opera che altrimenti è destinata a rimanere enigmatica.

Fig. 4.13.a) Ghedan. Imbocco del cunicolo inferiore 9.
Ghedan. Entrance of the lower tunnel 9.

the tunnel exceeded the profile of the cliff and of a first boundary wall, now partly disappeared. The room, home or quarry, was outside the first city walls and was accessible from an independent entrance. Then the tunnel could be coeval to these walls.

In a second time a more advanced walls curtain was certainly added. This curtain, now largely disappeared but still very readable, incorporated the mouth of Ghedan Ghyalmas tunnel and at the same time, occluded the entrance of the room. So it was necessary to dig the junction from the tunnel to keep the room open. Maybe we can link this episode to the start of the excavation of the tunnel unfinished (in order to give a new outlet to Ghedan?).

Finally, we wish only note how the defensive elements , although they are in some ways similar to those of Cappadocia, significantly differ from them in the practical realization. The defence carried out by the 'trap', such as in Fig. 4.13, is realized by barring unwanted stranger and putting him in conditions of extreme vulnerability and directly in contact with the defenders offences.

Fig. 4.13.b) Ghedan. La 'trappola' dal punto di vista del difensore.
Ghedan. The 'trap' from the point of view of the defender.

On the contrary, the Cappadocian solution was mainly made up of mill-doors (Fig. 4.5), even if there were also traps both vertical (little shafts) and horizontal (bottlenecks). But we have to note an essential difference between the two cases: in Cappadocia there were more height passages to isolate and defend. They were commonly used for the passage of men and animals. The same passage in the solution adopted in Ani, would have been very long and arduous if not impossible because of the reduced height. This confirm that the walkway named Ghedan Ghyalmas was a probably secret military work of occasional use.

Among the problems still unsolved, there is eventually the route and the original function of the transversal tunnel that today from the bottom of the shaft goes on sinking into the earth. The identification and the reopening of the shaft could enable the removal of burials, allowing the exploration of a work that otherwise would remain enigmatic.

[1] Vedi, ad es., per la Cina Golany 1992.

[2] È frequente ritrovare, anche in fonti moderne, il termine 'caverna' usato impropriamente per indicare cavità anche completamente artificiali, come nel caso di Ani.

[3] Questa posizione è condivisa dalla professoressa Beyhan Karamagarali, direttrice degli scavi archeologici di Ani.

[4] Segnaliamo anche che sul Lago Cildir, pochi chilometri a Nord di Kars, esiste un tumulo funerario attribuito al 'popolo dei *Kurgan*', risalente quindi al II millennio a.C.

[5] Sulle pareti della cava almeno una parte dei ciottoli appare sensibilmente friabile. Ma all'esterno e dallo stesso strato abbiamo tratto ossidiana omogeneamente vetrificata. Può essere che la cava si sia esaurita raggiungendo una zona di ossidiana meno consistente, ma può anche essere che la frazione di ciottoli omogenei sia in ogni caso non trascurabile.

[1] *About China see, eg., Golany 1992.*

[2] *You often find, even in modern sources, the term 'cave' improperly used to denote also completely artificial cavities, such as in the case of Ani.*

[3] *This position is shared by Professor Beyhan Karamağaralı, director of archaeological excavations of Ani.*

[4] *note that on Lake Cildir, a few kilometres north of Kars, there is a funeral mound attributed to the 'people of the Kurgan', back to the second millennium BC.*

[5] *On the quarry walls, at least some of the boulders appear significantly crumbly. But outside, and by that layer we have drawn obsidian evenly vitrified. It may be that the quarry was exhausted and reached a less substantial obsidian zone, or may be the part of homogeneous pebbles in any case is not negligible.*

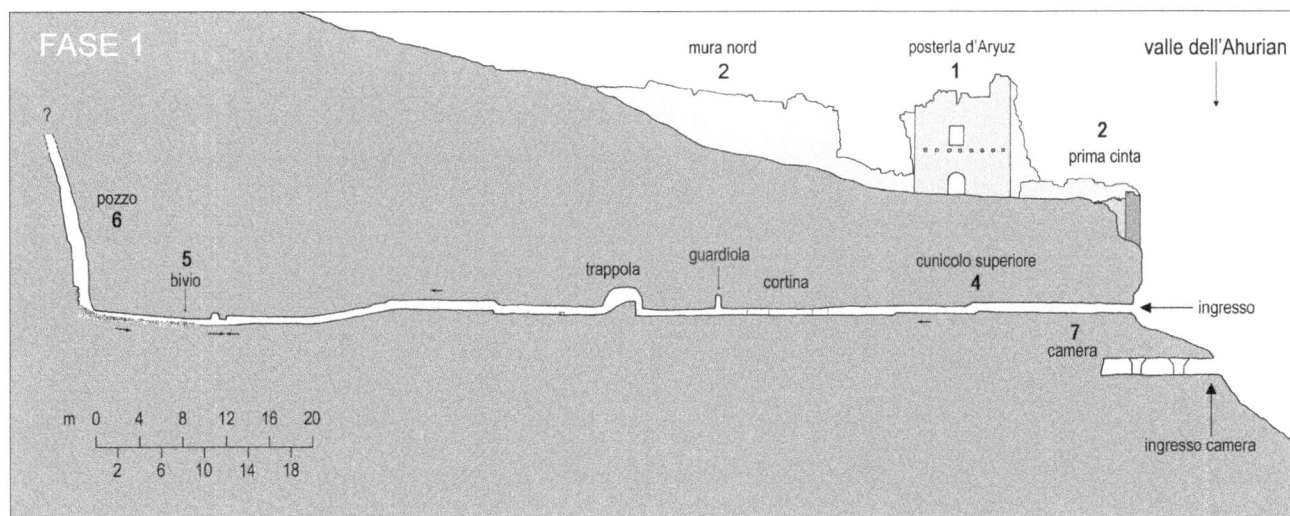

Fig. 4.12) Vista in sezione del tunnel Ghedan Ghyalmas in relazione alla evoluzione della cinta muraria. Punti 1 e 2, le mura più antiche. L'imbocco del cunicolo superiore (4) era esterno alla cinta (fase 1). È probabile che il cunicolo di raccordo (8) e, forse, il cunicolo inferiore (9) siano conseguenti e successivi (fase 2) alla costruzione della cortina muraria più recente (3) che avrebbe occluso l'accesso originariamente indipendente della camera (7). (Grafica R. Bixio, 2004).

Section view of the tunnel Ghedan Ghyalmas related to the development of the wall enceinte. Points 1 and 2, the oldest walls. The entrance of upper tunnel (4) was outside the enceinte (phase 1). Likely the link tunnel (8) and, perhaps, the lower tunnel (9) were consitent and subsequent (phase 2) to the more recent walls (3) that would have obstructed the original independent entrance to the room (7) (drawing R. Bixio, 2004).

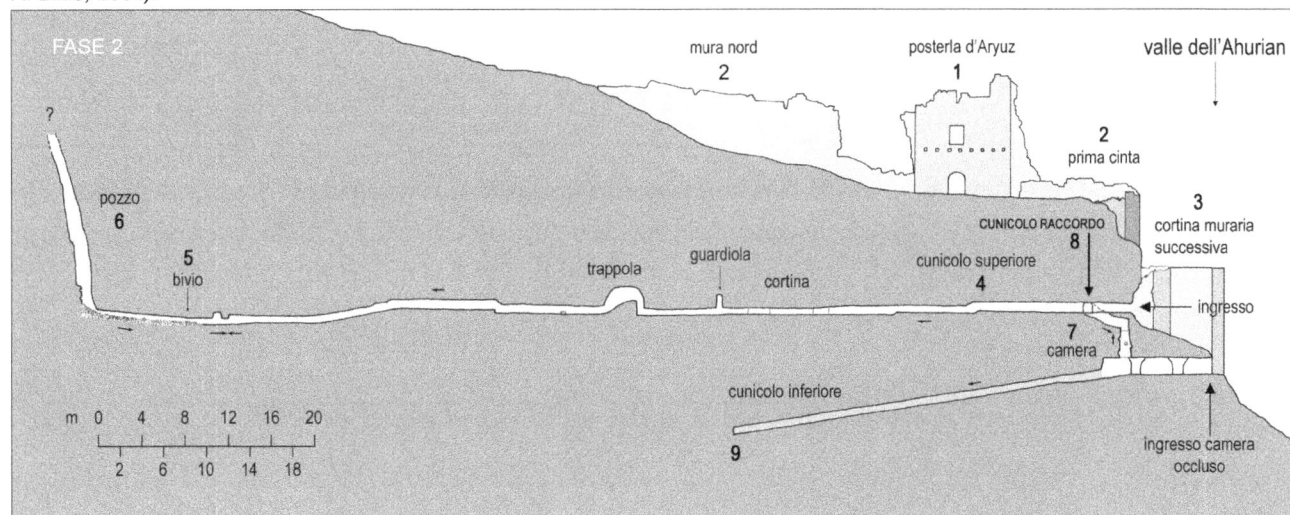

TOPONIMI DEI CORSI D'ACQUA
WATER FLOWS TOPONYMS

In letteratura i toponimi hanno sovente leggere difformità dovute a differenti criteri di traslitterazione dell'alfabeto armeno o russo, ovvero riportano diversa denominazione quando ribattezzati con nomi turchi.

In literature often the toponyms have slight differences owing to different standard to transliterate the armenian and russian alphabet, or they have a different name when renamed with turkish names.

Nella tabella che segue si è cercato di sintetizzare le varie denominazioni che ritroveremo nel testo o nelle mappe.

In the following table we have tried to synthetize the different denominations that we find in the text or in the maps.

Kevorkian 2001 nelle due mappe	Cuneo, Zarian 1984	Kipshize 1972 traduzione Caloi	Kipshize 1972 trad. Shahinian	Touring 1990	nomi rilevati sul posto (turco)	traduzione in italiano
Igajor	Igadzor	Igazor				
		Anizor *				
Calkoc'ajor* Vallon des fleurs p.160 Dzalkotsat p.178 Dzal'ktsadsor Acala	Tsaghkotsadzor * Aladja	Tsagkotsazor* Alagica çai Fiumicello d'Ani	Tsaghkadzor * riechkà Ani o Anizor	Bostanlar deresi * Vallone dei giardini	Bostan deresi* Alaçay	Ruscello dell'Orto* o degli Orti Fiume Rosso Ruscello di Ani
Bagnayr		Bagnairsk Bagnairizor	Bagnairidsor	Bagnayrsk		
Axurean Axurian Akhourean p.178 Arpa cay	Akhourian pag.25 Akhurian pag.10	Akhurian Ahurian	rekà Ahuria		Arpa cay	Fiume Orzo
Gaylejor Glijor p. 177	Gayladzor	Gaylezor Gailezor			Mirmir deresi	non traducibile (deresi = ruscello del)

Ruscello / *stream* : **riechkà** (russo / *Russian*) - **dere** (turco / *Turkish*) - **zor/jor** (armeno / *Armenian*)
Fiume / *river* : **rekà** (russo / *Russian*) - **çay** (turco / *Turkish*)

* nota:
la denominazione Tsaghkotsadzor, nella suddivisione in settori di Kipshize, è considerata unica per tutto il corso d'acqua, dalla testata della valle sino alla confluenza con l'Ahurian.

* note:
the nameTsaghkotsadzor, according to the subdivision in sector by Kipshize, is considered exclusive for all the water flow, from the start of the valley to the Ahurian confluence.

Tuttavia, in alcune mappe, il tratto a monte è denominato Bostan deresi (ruscello dell'Orto), mentre a valle prende il nome di Alaçay (fiume Rosso) o anche riechkà Ani (ruscello, o fiumicello di Ani).

Nevertheless, in some maps, the upriver area is named Bostan deresi (Orchard stream), meanwhile dowriver take the name Alaçay (Red river), or riechkà Ani (stream, or little river of Ani), too.

Bibliografia specifica dei toponimi
Specific bibliography of toponyms

Cuneo P., Zarian A., Uluhogian G., Thierry N., Thierry J.M., et al., 1984, *Ani / 12*, in Documenti di Architettura Armena, Facoltà di Architettura del Politecnico di Milano e Accademia delle Scienze dell'Armenia Sovietica, edizioni Ares, Milano

Kipshize A., (Gipizde – Ghipchizde), 1972, *Pešery Ani (Ani sotterranea), testo* in russo , materiale della XIV campagna di ricerche ad Ani, nel 1915, in Ani Antica IV, Accademia Armena delle Scienze, Erevan

Kevorkian R.H. (a cura di), 2001, *Ani capitale de l'Armenie en l'an mil*, Pavillons des Arts, Paris Musées, Paris

Orbeli I., 1910, *Kratkij putevoditel' po gorodišku Ani (Guida d'Ani), testo* in russo , Anijskaja serija n.4, S. Petersburg

Tokarski N.M., 1972, 'introduzione e commenti' in Kipshize A., 1972, *Pešery Ani*, in Ani Antica IV, Accademia Armena delle Scienze, Erevan", Erevan

Touring Club Italiano, 1990, *Turchia*, Milano

RINGRAZIAMENTI

Nel dare alle stampe la relazione finale della missione abbiamo il dovere e, nel contempo, il piacere di ringraziare tutti coloro che a vario titolo hanno efficacemente contribuito al buon esito della stessa.

Innanzitutto il personale dell'Ambasciata di Turchia a Roma, nelle persone del primo segretario Erdeniz Sen e Nuray Erik, che ci hanno aiutato e consigliato nel predisporre ed inoltrare la documentazione per ottenere i permessi necessari per le indagini in un sito archeologico ubicato in territorio di confine.

Ringraziamento che deve essere esteso anche al console onorario di Turchia a Genova, Giovanni Guicciardi, per la fattiva ed efficiente collaborazione.

La campagna di indagini si è avvalsa sul luogo della preziosa assistenza della missione archeologica della Hacettepe Üniversitesi di Ankara diretta da Beyhan Karamağaralı, cui vanno i nostri più vivi ringraziamenti da estendersi all'ispettore del Ministero della Cultura Yusuf Gorbacioğlu come anche agli altri archeologi della missione Nakış Karamağaralı, Erdal Eser, Turgay Yazar e a tutti gli studenti che hanno condiviso con noi la fatica e il piacere di lavorare sul campo.

Un ringraziamento sentito e particolare è dovuto alle autorità militari che presidiano la zona di Ani per la amichevole e cortese attenzione con cui hanno seguito il nostro lavoro, ricordando qui in particolare il Comandante Bekar e il Sergente Yavas che ci sono stati più vicini.

Il collega Samvel Shahinyan del Centro Speleologico di Erevan (Repubblica Autonoma di Armenia) ci ha fornito un aiuto prezioso, rintracciando per noi importanti documenti sulla antica capitale della sua gente che sono risultati di vitale importanza per la programmazione e lo svolgimento della missione.

Last but not least ci corre il sentito dovere di ringraziare Massimo Badiali del Consiglio Nazionale delle Ricerche di Frascati, ma anche Gianna Santostefano, per la pazienza e l'amichevole impegno con cui si è applicato alla traduzione dal russo del testo di Kipshize, fornendoci uno strumento fondamentale per lo svolgimento delle nostre indagini, testo procuratoci in originale da Neda Parmegiani, ricercatrice dell'ICEVO/CNR (Istituto di studi sulle Civiltà dell'Egeo e del Vicino Oriente), e Nora Yengibaryan, dell'Istituto di Archeologia e Etnografia dell'Accademia delle Scienze di Erevan.

Ma con particolare gratitudine ricordiamo che all'origine di ogni nostra missione in Turchia, a iniziare dalle prime spedizioni in Cappadocia, nel lontano 1991, è sempre stata accanto a noi la cara amica Buket Mustecaplioğlu di Istanbul che ci ha informato, consigliato e continuamernte sostenuto.

THANKS

When printing the fimal report on our mission we have the duty and, in he meantime, the pleasure of thanking all those that, in various ways, have contributed to the success of the campaign.

First, the personnel of the Turkish Embassy in Rome, in particular the first secretary Erdeniz Sen and Nuray Erik, who have helped and advised us in preparing and forwarding the documents required to get the necessary permits for the investigations in a border region subject to military restrictions.

We have to extend our thanks to the honorary consul of Turkey in Genoa, Giovanni Guicciardi, for his efficient cooperation.

At Ani the reasearch campaign has profited by the precious assistance of the archeological mission of the Hacettepe Üniversitesi of Ankara, directed by prof. Beyhan Karamağaralı, whom we most warmly thank together with Yusuf Gorbacioğlu, inspector for the Cultur Ministry. We thank as well the other archaeologists of the mission: Nakis Karamağaralı, Erdal Eser, Turgay Yazar, and all the students who shared with us the fatigue and the pleasure of the work on the field.

Special thanks are due to the military authorities at Ani for the friendly and kind attention with which they have followed our work; we mention in particular the Commandant Bekar and Sargent Yavas, who have been closer to us.

Our colleague Samvel Shahinyan of the Erevan Speleologic Center (Autonomous Armenian Republic) has given us a precious help searching out for us important documents on the ancient capital of his people, that turned out of crucial importance in the preparation of the campaign and during its course.

Las but not least, we duly thank Massimo Badiali of the National Research Council of Frascati, and Gianna Santostefano, too, for the patient and friendly care with which he has translated from Russian Kipshize's work, giving us a fundamental tool to perform our investigations.

We had access to the original of Kipshize's text through the good offices of Neda Parmegiani, researcher at ICEVO/CNR (Institute for the study of the Egean and Near East civilizations), Rome, and Nora Yengibaryan, of the Institute of Archeology and Ethnography of the Academy of Science of Erevan.

One final word of special gratitude for our dear friend Buket Mustecaplioğlu of Istanbul, who has been with us since the first campaigns in Turkey, beginning to the first expedition in Cappadocia, in the remote year 1991, constantly informing, helping and advising us.

BIBLIOGRAFIA - *Bibliography*

Alpago N. A., 1988, *Gli Armeni,* Jaka Book, Milano

Bixio R., Castellani V., Succhiarelli C., 2002, *Cappadocia, le città sotterranee*, Istituto Poligrafico e Zecca dello Stato, Roma

Bixio R., Dal Cin F., Traverso M., 2002, 'Cappadocia: un apiario rupestre', in *Opera Ipogea* IV, n.2, p.17, Società Speleologica Italiana, Bologna

Castellani V., 2001, 'Acqua, acquedotti e qanat', in *Opera Ipogea* III, n.2, p.25, Società Speleologica Italiana, Bologna

Cuneo P., Zarian A., Uluhogian G., Thierry N., Thierry J.M., et al., 1984, *Ani / 12*, in Documenti di Architettura Armena, Facoltà di Architettura del Politecnico di Milano e Accademia delle Scienze dell'Armenia Sovietica, edizioni Ares, Milano

Golany G. S., 1992, *Chinese Hearth-Sheltered Dwellings*, University of Hawaii Press, Honolulu

Karamağaralı B., Azar T., Akgul N., 2001, 'Les activités archeologiques turques à Ani', in Kevorkian R.H. (a cura di) *Ani, capitale de l'Arménie en l'an mil*, pag. 62, Paris Musées, Parigi

Kevorkian R.H., 2001, 'Ani ou les mutations d'un grand centre urbain médiéval', in Kevorkian R.H. (a cura di) *Ani, capitale de l'Arménie en l'an mil*, Paris Musées, Parigi

Kevorkian R.H., Kamsarakan A., 2001, 'Plan d'Ani d'après N. Marret J. Orbeli', in Kevorkian R.H. (a cura di) Ani, capitale de l'Arménie en l'an mil, Paris Musées, Parigi

Kipshize A., (Gipizde – Ghipchizde), 1972, *Pešery Ani* (Ani sotterranea), testo in russo, materiale della XIV campagna di ricerche ad Ani, nel 1915, in Ani Antica IV, Accademia Armena delle Scienze, Erevan

Mouradian G., 1966, 'The City of Ani', in *The City of 1001 Churches*, Horizons

Nazarian G., 1997, 'The Great City of Any', in *Armenian Enlighyenment Chronicle*

Nicoletti M., 1980, *L'Architettura delle Caverne*, editore Laterza, Bari

Orbeli I., 1910, *Kratkij putevoditel' po gorodišku Ani* (Guida d'Ani), testo in russo, Anijskaja serija n.4, S. Petersburg

Tokarski N.M., 1972, 'introduzione e commenti' in Kipshize A., *Pešery Ani,* testo in russo, materiale della XIV campagna di ricerche ad Ani, nel 1915, in Ani Antica IV, Accademia Armena delle Scienze, Erevan

Toramanian T., 1912, 'Ani : ville ou forteresse?', *Handes Azgagrakan XIV*, fasc. XXII, n°1, pp. 61-84, et fasc. XXIII, n°2, pp. 5-26

Touring Club Italiano, 1990, *Turchia*, Milano

Villari Luigi, 1906, *Fire and Sword in the Caucasus*, T.F.Unwin, London

Zakarian L. et al., 2001, Art e artisanat d'une ville de l'an mil' in Tokarski N.M. (a cura di) *Ani, capitale de l'Arménie en l'an mil*, Paris Musées, Parigi

Zarian A., 1988, 'Lineamenti di storia urbanistica dell'Armenia', in Cuneo P. *Architettura Armena*, editore De Luca, Roma